U0012543

獻給我親愛的朋友：

....

LA PARISIENNE

巴黎女人時尚聖經·10 年優雅進階版

國家圖書館出版品預行編目資料

巴黎女人時尚聖經‧10年優雅進階版 / 伊內絲.法桑琪(Ines de la Fressange), 蘇菲.嘉雪(Sophie Gachet)作；謝珮琪, 韓書妍譯. -- 初版. -- 臺北市：積木文化出版：家庭傳媒城邦分公司發行, 2020.01
　　面；　公分
　　譯自：La Parisienne
　　ISBN 978-986-459-212-8(平裝)

1.時尚 2.法國巴黎

541.85　　　　　　　　　　　　　　　108018895

巴黎女人時尚聖經‧10年優雅進階版

原 著 書 名／La Parisienne
作　　　者／伊內絲‧法桑琪（Ines de la Fressange）& 蘇菲‧嘉雪（Sophie Gachet）
譯　　　者／陳陛瑄、謝珮琪、韓書妍

總 編 輯／王秀婷
責 任 編 輯／李華
校　　　對／梁容禎

發 行 人／涂玉雲
版　　　權／張成慧
行 銷 業 務／黃明雪
出　　　版／積木文化
　　　　　　臺北市104中山區民生東路二段141號5樓
　　　　　　電話：(02)25007696　　傳真：(02)25001953
　　　　　　官方部落格：http:// www.cubepress.com.tw
　　　　　　讀者服務信箱：service_cube@hmg.com.tw
發　　　行／英屬蓋曼群島商家庭傳媒股份有限公司城邦分公司
　　　　　　臺北市民生東路二段141號11樓
　　　　　　讀者服務專線：(02)25007718-9　24小時傳真專線：(02)25001990-1
　　　　　　服務時間：週一至週五上午09:30-12:00、下午13:30-17:00
　　　　　　郵撥：19863813　戶名：書虫股份有限公司
　　　　　　網站：城邦讀書花園　網址：http://www.cite.com.tw
香港發行所／城邦（香港）出版集團有限公司
　　　　　　香港灣仔駱克道193號東超商業中心1樓
　　　　　　電話：852-25086231　傳真：852-25789337
　　　　　　電子信箱：hkcite@biznetvigator.com
馬新發行所／城邦（馬新）出版集團
　　　　　　41, Jalan Radin Anum, Bander Baru Sri Petaling, 57000 Kuala Lumpur, Malaysia
　　　　　　電話：603-90578822　傳真：603-90576622
　　　　　　email：cite@cite.com.my

© Flammarion, Paris, 2019

製 版 印 刷／利丰雅高包裝印刷（東莞）
2020年2月初版一刷

城邦讀書花園
www.cite.com.tw

巴黎女人時尚聖經・10 年優雅進階版

LA PARISIENNE

Ines de la Fressange
et Sophie Gachet

伊內絲・法桑琪＆蘇菲・嘉雪／著

伊內絲・法桑琪／插畫繪製

陳陛瑄、謝佩琪、韓書妍／譯

前言

誰說「巴黎女人」只是傳說？近十年前，
我寫下《巴黎女人的時尚聖經》（積木
文化出版），隨著這本書長踞《紐約時
報》暢銷榜，傳說似已成真。而現在，
這本指南需要做些改變了。不僅因為書
中許多店家已經過時，就連我也搬家了
（所以我的居家空間已經改頭換面），
甚至我的衣櫥也開始出現顏色。
當然啦，我永遠不會放棄深藍色毛衣或
白襯衫，卻也正在嘗試翻新自己，
即使巴黎永遠是巴黎……

目錄

穿出巴黎風

完美巴黎女人的七種態度

我們都知道，在巴黎出生，並非擁有巴黎女人風格的必要條件。我出生於聖托貝（Saint-Tropez），具有阿根廷血統，在伊夫林（Yvelines）長大成人。我卻無可救藥地覺得自己是個十足的巴黎女人。其實只要遵循下列七個原則，即能輕鬆擁有「巴黎製造」的風格。

「低調」高雅

妳絕對不會遇見一個真正的巴黎女人渾身佩戴金光閃亮的珠寶，穿著超長皮草大衣，或是印著品牌商標的衣服。真正的巴黎女人身邊也不會有朋友這樣說：「妳身上的行頭都是天價吧？真好！」而是會問她：「妳讀過西蒙波娃的書嗎？我超愛的！」所謂物以類聚，這兩種朋友絕非同類！

2

無視潮流

盲從不符合巴黎女人的口味。就算各大時尚伸展臺強力放送「潮流」風格，我們也不見得一定要穿上性感的皮革繫帶洋裝。對於時尚，巴黎女人有極精到的思考。她們絕不會不問：「這是我的風格嗎？」就跌入時尚流行隨波逐流。此外，她們也不是那種浪擲一整個月的薪水，只為擁有一只被時尚達人認證為「不可或缺」皮包的人。首先，因為她們不見得買得起；再者，追隨者的角色也非她們秉持的價值觀。

3

避免全身上下同一品牌

只有時尚秀場上才能展現這種全套造型！少數缺乏想像力的時裝雜誌，才會「複製－貼上」時裝伸展臺上的造型，讓雜誌頁面看起來像某品牌型錄。以上當然都不能稱為創意。巴黎女人不會接受他人強加的看法。她們喜歡混搭各種品牌，也不在意價位高低。以華貴精品搭配價廉單品，正是高雅風格的關鍵。舉個例子？能陪伴我們一生一世的名牌精品皮包，與有些磨損的牛仔褲、白色短袖上衣及球鞋，無疑是絕佳搭配。

4

足蹬球鞋
亦自在

妳不可能會遇到抱怨低胸上衣領口過低、鞋子磨腳、或裙子太短的巴黎女人。時尚行家心知肚明：「自在的穿著才能成就個人風格。」如果妳的套頭上衣太緊或是長褲太窄，就換掉吧！牢記這個咒語：絕不成為時尚受害者。

5

專屬古著收藏

巴黎女人定期往衣櫃裡增添新生力軍，同時也會入手不褪流行的衣物。她們更擅長巧手混搭新舊單品，就算舊衣穿了好些年也不會讓人察覺。她們妥善收藏這些超越時間的衣物，再拿出來穿時可以說：「這件夾克？我都買了幾百年了。」

壞品味不是罪

6 不要遵循時尚的強制法則！即使這本時尚聖經也不例外……本書無疑會讓妳獲益良多，但如果有什麼該銘記在心的重點，那就是：妳自己創造的品味才是最佳品味。聖羅蘭大師曾經以黑色搭配海軍藍，在當時算是驚世駭俗的壞品味，他卻以此自豪。

7

個人衣物間的買手

巴黎女人是名符其實的時尚探測器，她們喜歡四處探訪不為人知的品牌或店鋪。初出茅廬的獨立品牌常令她們欣喜若狂，但不會因而停止搜索新獵物。她們最愛鑽入古著商店尋寶，努力捕獲該店的最佳藏品：可能是一件 Monoprix 的喀什米爾毛衣、Levi's 的牛仔褲，或是聖羅蘭的禮服外套。巴黎女人不僅可比百貨公司採購，而且不會對時尚雜誌（除非是這本時尚聖經）的建議唯命是從。

時尚造型解密

聽到有人說：「她好有型喔！」我們一定都會認為這女孩穿著如此得體，絕對掌握了什麼別人不知道的穿搭小祕密。究竟是什麼呢……

我開始從事模特兒的最初幾年，大家都說我很有自己的風格。也許吧！不過老實說，並沒有什麼稀奇魔法。如果你們看過我的衣櫃（參見本書 158-163 頁），應該不難明白關鍵在於如何巧妙搭配。以下是幾款經典的時尚造型，我會一一拆解箇中關鍵，讓每個人都能輕而易舉學會穿搭，成為真正的巴黎女人！

巴黎優雅風

黑色長褲套裝

+

白色圓領背心

+

個人風格強烈
的提包

+

籃球鞋

⟶ **黑色長褲套裝**，百搭服飾。

⟶ **白色圓領背心**，給一點「顏色」瞧瞧。

⟶ **個人風格強烈的提包**，（若造型樸素，加些配件即能生動出色）。

⟶ **運動風格籃球鞋**，與高雅的套裝形成對比，能打造具現代感的優雅風格。

閃亮穩重風

米色高領貼身
毛衣

+

金褐色九分褲

黑色漆皮提包

+

黑色漆皮包頭
跟鞋

+

⟶ **米色高領貼身毛衣**，為整體造型增添一抹柔和。

⟶ **金褐色九分褲**，白天穿也很適合。

⟶ **黑色漆皮提包**，營造對比。而且漆皮材質不管在辦公室或宴會場合都非常適宜。

⟶ **黑色漆皮包頭跟鞋**，添增魅力的利器。

狂熱粉彩風

白色襯衫

大型皮革提包

淡粉色
直筒長褲

拉鍊式球鞋

—➤ **白色襯衫**，為造型添一抹陽剛之氣。

—➤ **淡粉色直筒長褲**，帶點棉花糖般夢幻氣息。

—➤ **拉鍊式球鞋**，運動與優雅風格兼具的配件。

—➤ **大型皮革提包**，營造大自然與輕柔風格（黑色的效果會完全不一樣）。

奢華牛仔風

白色罩衫

靛藍牛仔褲

+

銀色涼鞋

+

→ **靛藍牛仔褲**，捲一點褲腳。值得悉心對待的基本款。也有不捲的款式，相對就沒那麼突出。

→ **白色罩衫**，同樣是基本款，與靛藍牛仔褲是天字第一號最佳拍檔。捲袖口或不扣袖扣是造型亮點。

→ **銀色涼鞋**，舉「足」輕重的細節，不僅能將基本款式提升為奢華等級，也能讓這套穿搭從白天穿到黑夜都得體。

混搭印花風

格紋大衣

＋

豹紋印花提包

＋

白色長褲

＋

灰色馬靴

⟶ **格紋大衣**，巴黎女人必備經典款。

⟶ **豹紋印花提包**，我們常被告誡不能混搭太多種印花圖案，不過整體造型會因此更立體。

⟶ **白色長褲**，極為必要，為了看起來不像剛從馬戲團逃出來。

⟶ **灰色馬靴**，幾近樸實的點綴，讓整體造型更低調。

恰如其分高雅風

珠寶風格提包

＋

有點褪色的
牛仔褲

煙裝外套

＋

印花罩衫

黑色平底涼鞋

—→ **煙裝外套**，「優雅」風格必備款。

—→ **印花罩衫**，貼身剪裁。

—→ **洗舊褪色的牛仔褲**，直筒剪裁並捲起褲腳。

—→ **黑色平底涼鞋**，選擇有玻璃寶石扣飾的款式，帶點閃亮氣息，適合下班後直接參
　　加派對。

—→ **珠寶風格手提包**，斜背帶款式能增添灑脫風情（不然會有大媽感）。

巴黎民族風

印度風罩衫

印花垂墜感
長褲

珠寶風夾腳拖

→ **印度風罩衫**，淺玫瑰色的細條紋圖案。最適合在首都巴黎度過炎炎夏日的完美穿搭。

→ **印花垂墜感長褲**，與淺玫瑰色是絕配。

→ **珠寶風格夾腳拖鞋**，讓整體造型不至於淪為膚淺異國風。

造型大哉問

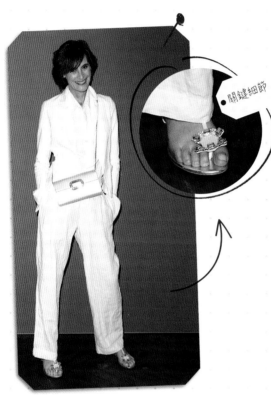

關鍵細節

厚呢短版大衣能穿去參加宴會嗎？

可以。確實扣好大衣鈕扣，裡面的襯衫鈕扣也要扣到最上面一顆，搭配經典的九分褲以及金色高跟漆皮短靴。如此才不至於看起來像帆船選手。一只鑲有玻璃珠寶的斜背包，就能增添幾許宴會風格。

關鍵細節

如何利用白色來吸睛？

選擇潔白無瑕的短版西服外套以及同色系的襯衫。至於提包，可以點綴一些玻璃珠寶。涼鞋也比照辦理。甚至也可以穿這樣去結婚！

關鍵細節

如何能讓格紋造型更出色？

為了打破格紋造型嚴肅古板（或滑稽）的一面，可穿著格紋長褲套裝，搭配樸素的套頭衫、白色球鞋以及手提籃。重點是避免讓自己看起來太像福爾摩斯。

如何駕馭全身桃紅？

最好是綢緞材質，以罩衫搭配長褲。涼鞋也要同色系，但是可以選擇跳色的提包：比如白色就會是個好點子，而正紅色也能打破同色系的一致性。

關鍵細節

極簡風格的訣竅

有時候只需要一點點東西，就能成功打造個人風格，英文稱為 effortless style，意即毫不費力的風格。必備條件？對自己有自信……還有笑容（微笑總是無往不利）！當然還有下面幾個訣竅，讓妳塑造個人風格更加容易……或幾乎不費吹灰之力。

✈ 在舞會洋裝外面穿一件合身**羊毛衣**。拜託行行好！千萬別圍長披肩！沒有什麼東西能比長披肩或開襟短夾克更俗氣了——即使是紅毯上的好萊塢明星，也不會再圍這些俗不可耐的東西。金蔥亮片洋裝搭配喀什米爾羊毛衣，這才是巴黎女人的品味！

✈ 去找價格不太貴的品牌，不過要在品牌的**男裝**區物色戰利品。

✈ **混搭**高級訂製服與街頭風服飾。無懈可擊的訂製款黑色套裝長褲，可以搭配柔軟的精梳棉慵懶風短袖 T 恤（更年輕的人可以嘗試印花 T 恤）。當我們不確定這個造型是屬於奢華還是休閒風格時，就歪打正著了：風格就此誕生！

✈ 所有來自軍用店的服裝，搭配珠寶首飾老件都能創造出很棒的造型。

✈ 將兩條長圍巾疊穿。或是兩件 T 恤、兩件罩衫、兩件休閒西裝外套，甚至兩條腰帶都能重疊穿戴。最基本款的單品也因而更能彰顯特色。

打造完美風格的普世法則

若下半身穿著（長褲或裙子）寬鬆，上半身則必須貼身。反之，若下半身緊窄，上半身則須寬闊。

✳ 在極簡的整體輪廓上配戴誇張**配件**。巴黎女人一向非常欣賞賈桂琳·甘迺迪（Jackie Kennedy），尤其她改嫁船王歐納西斯之後的造型風格：一襲白色長褲、一件黑色Ｔ恤、露腳背涼鞋……配上極大的太陽眼鏡。風格高雅又簡單……非常容易立刻仿效！

✳ 在**派克風衣**裡面穿雪紡連身洋裝。

✳ 將穿得老舊不堪的破牛仔褲與絲質罩衫送作堆**混搭**。跟西裝長褲搭配Ｔ恤一樣異曲同工，這款混搭風格能立即讓造型更具說服力。其他部分則要盡量樸素，必須讓人覺得奢華元素──絲質罩衫──是不經意地存在於造型之中。如果讓人察覺是刻意如此，就功虧一簣了！而且還會被貼上 try too hard 的標籤──英文用來形容女孩兒塑造風格過了頭的說法。這樣一點都不酷。因為大家都知道：即使為了走在時尚潮流尖端，而買進好幾貨櫃的時尚雜誌，巴黎女人也絕對不希望別人知情。就算她們購買我這本時尚聖經，也可能會說是為了送人……

✳ 任何服飾都能**繫上**一條男用寬腰帶，有所磨損亦佳，太長的話可將多垂出的部分繞個圈。

如何完美搭配色彩？

色彩搭配無所不能。若顏色互相衝突，我們稱之為「撞色」。即使是中性與大地暖色系的信徒，我仍喜愛海軍藍（不全然是黑色）。可以肯定的是，當我身上有鮮豔的色彩（我很愛桃紅色），其他部分會比較樸素，要不就是全身上下都是粉色。只不過，螢光粉與螢光黃是擁有大膽時尚的女孩兒專屬風格。妳了解其中的細微差別嗎？

✳ 如果衣服穿膩了，可以將它們染成**海軍藍**，給予衣物第二春（除非它們本來就是海軍藍！）

✳ 別懷疑，大膽穿上妳家 12 歲公子的**襯衫**，並搭配集中托高的可外穿胸罩吧！不然就穿上情人的寬大襯衫。重點是嘗試自己平常不會購買的尺寸。

越另類
越對味！

「遠離全套系列造型！」務必牢記這句巴黎女人的宣戰吶喊。追求另類風格而不膚淺作怪，是巴黎女人最喜愛的運動。只要兩三個帶有些許古怪氣息的打扮細節，就能擁有令人著迷的風格。混搭當然並非全無風險，時尚得體與否往往只有一線之隔，可是巴黎女人總是能四兩撥千金，將各種失誤轉化為獨特風格。她們隨時提醒自己要推翻 BCBG（Bon Chic Bon Genre，優雅就時尚）的老派思想，因為她們知道一味遵循優雅教條只會讓自己遠離優雅。如何打造具個人特色的另類穿搭，又能符合巴黎藝術風格？以下是我精選的前十名──從幾乎無風險到最肆無忌憚的絕妙好點子。

10 個無往不利的混搭技巧

1. 牛仔褲搭配鑲綴寶石的涼鞋……不要搭配球鞋。

2. 鉛筆裙搭配平底芭蕾舞鞋……不要搭配有跟包頭鞋。

3. 亮片毛衣搭配男款西裝褲……不要搭配裙子。

4. 鑽石項鍊搭配白天穿的丹寧襯衫……不要搭配晚宴穿的黑色洋裝。

5. 莫卡辛休閒鞋搭配短褲……穿襪也無妨……不要搭配西裝褲然後不穿襪子。

6. 晚禮服搭配式樣高雅極簡的露腳背涼鞋……不要搭配鑲綴寶石的涼鞋。

7. 珍珠項鍊搭配搖滾風 T 恤……不要搭配無袖圓領洋裝。

8. 雪紡印花洋裝搭配歷經滄桑的重機風格馬靴……不要全新的芭蕾平底鞋。

9. 煙裝搭配球鞋……不要搭配蛇蠍美人風格的高跟鞋。

10. 晚禮服搭配柳編包……不要搭配金色手拿包。

一秒回春的時尚

選錯一件印花洋裝，能讓妳瞬間升級為「阿嬤」！但選對造型就能讓妳看起來更年輕，不僅跟注射抗皺產品一樣立即見效，還更富趣味。該如何讓自己的風格能「拉皮回春」？巴黎女人會這麼做：

變換風格

千萬不要停滯在某個年齡的風格：正是這種僵化思維讓人顯老！尤其四十一枝花的女人，打扮卻仍然停留在三十幾歲，更是危險。讓我們向幸福的三十多歲道別，在過去的十年當中，我們覺得人生開始心曠神怡，處處一帆風順，事事無所不能，無論在職場或情場都熱情洋溢，我們覺得自己還年輕，有了孩子後讓我們更成熟。即使希望這一切能永遠持續下去，我們其實也沒有時間想太多！

✱ 為什麼女人到了四十一枝花的年紀，總免不了問一個超現實的問題：「我還能容許自己這樣穿嗎？」而且問這個問題並不是希望有答案，而是訝異自己竟然開始這麼想。老實說，這個問得有點早，但不問不如早問。我們變了，時代變了，流行時尚當然也變了。絕對不要緊抓著所有三十歲時適合我們的造型不放手。堅持穿著某個風格沒有問題，只是不應該排斥新事物或是缺乏好奇心，也不要始終躲在同溫層，害怕改變或是犯錯。勇敢一點！要能接受自己犯錯，每個人都曾經買錯衣服啊！這代表我們渴求改變、勇於嘗試，不是很勵志嗎？如果我們開始覺得化妝打扮很麻煩，會變得越來越消沉。隨著馬齒漸長，顛覆過去的風格是必要的。而且重點不是改變，而是改進！

風格法則

#1

絕不墨守成規

絕不矯揉造作

絕不蓬頭垢面

風格法則

#2

選擇能讓造型脫胎換骨，而且能喚醒我們「狂野搖滾精神永遠不死」的配飾。

實例

我平常穿著多為海軍藍、黑色或是白襯衫。也有可能一時衝動，穿上桃紅罩衫豔驚眾人。如此一來，就沒有人會再問妳芳齡幾許了！

從善如流

①培養好奇心

好奇心是保持年輕的最好方法。開發新品牌，嘗試不同剪裁的長褲，足蹬厚底楔型鞋。記得大膽嘗試就對了，就算淪為不得體時尚之流也無妨！

⑤不一定要買設計花俏的衣服

一件用料講究的圓領套頭毛衣是必備款。簡單搭配牛仔褲與長項鍊，舉手投足就能優雅而不乏味。

②上 eBay 拍賣妳的鱷魚皮包。

③絕不盲從跟隨流行

✱ 時尚新手易犯的錯誤。最好從當季流行中選擇最容易入門的：灰色系、寬版西裝褲、厚呢短大衣……至於格子花呢風格、破洞牛仔褲、鉚釘過膝馬靴，就讓它們隨風而逝吧。

④勇於挑戰

✱ 晚上外出時，可以穿夾克跟芭蕾平底鞋搭配一襲雪紡洋裝，而不要穿休閒西裝外套跟包頭高跟鞋。胸針則可以別在腰際，徽章更佳。

⑥經常更換珠寶配飾

……就算是手工編織吉祥物也無妨！

⑦45 歲後太強調時髦會是個災難。

⑧絕不嘗試少女系風格

想利用迷你裙、風趣的印花 T 恤等少女造型來抓住青春的尾巴，只會更顯老。

⑨ 莫卡辛休閒鞋與芭蕾平底鞋
　老少咸宜。

球鞋也同理可證（巴黎女人是 Converse 教派
的狂熱信徒），尤其對熟女來說，球鞋不僅
能增添親切感，也讓人覺得處事圓滑成熟。

⑩ 邊打扮邊聽滾石合唱團
　的〈凋謝之花〉（*Dead
Flowers*）。

⑪ 讓人顯老的不只有穿著

覺得 Twitter 無聊，不知道什麼是串流媒體，
對 iPad 也沒興趣，這些行為都會讓妳直登
「阿嬤」寶座！當然，不要只會說「哀居」，
要學會唸「Instagram」。

⑫ 別受制於八股成見。

⑬ 盡量混搭高貴與不貴的風格。

當心不得體的時尚！

我常常說：時尚的一時失誤往往創造出前所未見的風格，說不定就能成為時尚救世主。對我來說，全面而徹底的好品味也是個災難，畢竟時尚一年四季都在更迭。褲裙也許今年不得體，但明年未必不能重新當道，甚至各色各樣一字排開任君挑選。吊帶褲、印花厚毛衣或是過膝馬靴也一樣，在流行潮流中起起伏伏。所以其實很難編列一本《不得體時尚聖經》，只有一些不論時尚潮流如何變遷，都讓人不敢恭維的造型。以下「精選」巴黎女人心目中不能原諒的失誤。

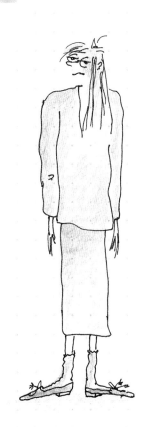

貼身衣物

泳裝

✳ 透明肩帶胸罩。沒有人應該習慣這種東西。小露胸罩不是更顯性感嗎？要不然也可以穿無肩帶胸罩啊！

✳ 丁字褲配低腰牛仔褲。時尚界的一個謎團。

✳ 外露型吊帶襪。莫非要去瘋馬俱樂部上班？

✳ 不論罩杯大小，不穿胸罩絕對是個錯誤。

✳ 穿窄裙時露出內褲勒痕。這時候丁字褲就派上用場了。如果認為穿丁字褲是酷刑，也可以穿無痕內褲（Uniqlo 就買得到）。

✳ 膚色褲襪。跟透明肩帶一樣令人髮指，到底有誰會相信妳本人的膚質如絲襪般光滑呢？膚色褲襪不可能達到完全隱形的效果。還是本分地穿黑色褲襪吧。

✳ 金線銀屢或亮片性感比基尼。至今最美的泳裝仍然是烏蘇拉·安德絲（Ursula Andress）在 007 系列電影《鐵金剛勇破神祕島》（Dr. No）中穿的那一套。

✳ 交叉繫繩或是剪裁複雜的泳裝。做一天日光浴之後妳就明白為什麼了。

✳ 遮不住臀部的迷你比基尼泳褲。巴黎女人雖然也做巴西式除毛，但絕不會像巴西女人那樣穿上巴西式泳裝。

✳ 胸前繡上姓名的連身泳裝。如果是跟閨密舉行豔陽下的告別單身派對，或是度假時用交友軟體進行心情排毒（期待有新的邂逅），這種時候倒是可以穿這樣的泳裝。只不過，真的有必要在海灘上大辣辣地秀出妳的芳名嗎？

配件

✱ 白色流蘇馬靴。若參加「女牛仔」主題派對，冠軍非妳莫屬。

✱ 用髮圈挽頭髮。太乳臭未乾了。

✱ 白襪配涼鞋。如果是紐約原創電影的女主角，可能還蠻適合的。不過在巴黎這樣穿，幾乎屬於非法行為。

✱ 鞋子或包包與褲襪同色系，我們會大聲告訴妳「不可以」。

✱ 中學時代的後背包。我現在也背後背包……但我特別喜愛高雅款式，皮革或帆布材質，或是瑞典知名 Fjällräven 品牌。那種紫綠相間而且形狀不規則的運動後背包，可以非常確定絕對不會出現在我家。

✱ 反戴棒球帽。如果要反戴的話，為什麼要戴這種帽子呢？還不如戴海軍帽或是草帽。

✱ 標有廣告字語的遮陽帽。會讓妳看起來像在環法自行車賽上搖旗吶喊的粉絲。不過如果帽子不大，又是單色設計，帽緣也夠寬，就無所謂。

✱ 布希鞋。我知道它非常暢銷，但我絕對不會愛上它。

人人都可能改變想法

十年前的我，真的認為只有觀光客才會用霹靂腰包……好吧！我錯了──我自己現在都常戴霹靂腰包，甚至帶著去參加雞尾酒會。我還有鑲水鑽的款式供重要場合使用。其實金色或銀色也不錯。這證明腰包在當今時尚界已經擁有一席之地！

✹ 鞋底邊緣大大寫上品牌名的球鞋。雖然秀出品牌是近來潮流，巴黎女人仍然極力抗拒。自掏腰包還要免費幫別人打廣告？有違道德。

✹ 橡膠鞋底。如果妳不想只是穿雙鞋就瞬間老上 20 歲的話，最好注意這個細節。

珠寶

✹ 十指戴滿戒指。向「手環＋戒指＋手錶＋耳環＋項鍊」這種堆滿全身的打扮說「不！」「不！」「不！」「不！」「不！」

✹ 拒絕使用圍巾扣環也不會有事的。

✹ 身上打洞。只能讓人聯想起龐克「沒有未來」的頹廢風。

✹ 塑膠首飾。在全球關注不塑的時候，佩戴塑膠製首飾已經不只是品味好壞的問題了。

熟女應該避免的不得體時尚

→ BCBG 的陳腔濫調。（珍珠大軍＋耳環）還需要解釋嗎？

→ 皮草大衣。別讓自己看起來像《101 忠狗》的庫依拉，更禁止佩戴任何讓妳看起來以夫為貴的配飾，這會讓妳老十歲！

→ 迷你裙跟超級短褲。跟四歲還脫離不了奶瓶一樣，都長不大！

→ 某些霓虹單品。我喜歡螢光色。如果全身穿白色，可以在腰際綁一件螢光粉毛衣，整體看來更有精神。所以我說的是「某些」單品，並非全部都不行。比如巷口市場的螢光萊卡洋裝就不可以買，但是螢光粉的印度大披巾就很適合陽臺上的晚餐派對。

服裝

✱ 胸部豐滿的人若是穿太合身的襯衫，鈕扣之間會被撐開。最好選擇較寬鬆的款式，最上面一顆扣子別扣，不然可能會爆開。

✱ 全套皮革西裝。即使皮革製品備受歡迎，即使安潔莉娜·裘莉也在穿，即使時尚雜誌上無所不在，全套的皮革西裝只會讓妳看起來像秀場主持人。皮外套或是皮長褲擇一穿著即可。

✱ 網狀 T 恤。除了電影《神祕約會》裡的瑪丹娜，我還真不知道誰會喜歡這種衣服。

✱ 太短的 T 恤。在海灘以外的地方曬肚臍絕不優雅。這是有關比例的問題。而且我得提醒大家，露肚臍也很美的名模吉吉·哈蒂德（Gigi Hadid）可不是巴黎女人。

✱ 深 V 領豹紋印花洋裝。太多性感毀了性感。

✱ 卡通圖案的印花睡袍。我從來沒看過欣賞 Hello Kitty 細肩帶睡衣的男人。

✱ 薄透長褲。如果穿長褲還能讓人一目瞭然，那幹嘛穿呢？

✱ 印著貌似風趣其實沒梗字句的 T 恤，像是「男友不在家」或「誠徵金龜婿」。還需要解釋原因嗎？

✱ 混搭太多材質：綢緞＋燈芯絨＋雪紡＋羊毛花呢布＝「紡織品過量有礙健康」風格。

✱ 內搭褲。要找到合適得體的款式猶如海底撈針。

時尚大忌 TOP 5

don't 仿冒精品包

拎著盜版精品逛大街可一點都不時尚。而且我們也不知道這些商品製造過程是否符合道德良知。棉布提袋或非知名品牌的平凡皮包還比較真誠可靠。

don't 有口袋的長版百慕達短褲

妳在時裝伸展臺上看過這種短褲嗎？並沒有，我們喜愛的品牌都不會有。一切不言自明。

don't 萊卡材質的運動胸罩

除非你是跳《閃舞》的舞者，不然別穿。

don't 全身上下丹寧布

除非妳要免費幫 Levi's 打廣告，不然從頭到腳裹上丹寧布料只會看起來像歌手小甜甜布蘭妮……跟巴黎女人不是同類。

don't 混搭條紋

一個造型最多混搭兩種條紋圖案。如果妳想仿照時尚雜誌展示的，大膽嘗試多樣搭配，就算混搭三種條紋也沒問題的話，無疑是在為妳的風格自尋死路。

時尚急救術

突然要與朋友聚餐？參加婚禮？到鄉下
度週末？在事發之前幾小時才能打理造
型的話，巴黎女人會怎麼做？有五分鐘
之內快速打造時尚造型的祕訣嗎？以下
是我針對不同情境所建議的不同祕訣。

雞尾酒會

情境

✈ 巴黎女人一輩子至少會有一次受
邀參加藝廊、文學頒獎典禮或是服飾
店開幕的雞尾酒會。

Dress code

→ 煙裝亮相的大好時機，可以
搭配黑色西裝褲、白色牛仔褲或是穿
舊了的藍牛仔褲，再加上醒目吸睛的
配件（螢光色手拿包、大耳環、超寬版
大型手環）。重點是能瞬間融入任何
附庸風雅的藝文場合。黑色小洋裝也
能上場，至於長度的話，及膝或剛好
遮住膝蓋都可以。不到四十歲的女人
可以大膽些，選擇膝蓋上方的長度，
也一樣迷人。

與真命天子共度良宵

情境

✳ 與網路上遇見的對象碰面，或是首次與意中人單獨約會，終極任務是誘惑郎心。

Dress code

⟶ 太刻意的事一定會惹毛巴黎女人。第一次約會就穿深 V 低胸裝配上超級迷你裙，這種企圖昭然若揭的行為，她們是打死都不會做的。冬天時巴黎女人甚至會穿套頭毛衣。一件男版白襯衫，搭配黑色西裝褲（想來點與眾不同趣味者可以選九分褲）以及簡單款式的鞋子，才能讓妳眼前的對象專注聽妳高談闊論。至於內衣呢？我承認很重要：有集中托高功能者較好……前提當然是不能被察覺！

都會晚宴

情境

✳ 朋友邀妳今晚一同前往時髦餐廳。該如何看起來不刻意追求流行，卻又不經意流露出時尚風格呢？

Dress code

⟶ 選擇基本款，絕對不要蓬蓬紗裙或洋裝。如果妳不確定那家時髦餐廳的著裝規定（可能很雅致也可能非常潮，時髦餐廳常讓人摸不著頭緒），保持樸素簡約的風格絕對沒錯！能讓妳整體造型與眾不同的亮點，是鞋子。不妨大膽套上別出心裁的款式（不尋常的顏色、恨天高細跟鞋、鑲有寶石的款式）。反正萬一跟餐廳主題不搭，把腳藏在餐桌下面就萬無一失！

下班後 直達派對

情境

✈ 整天馬不停蹄的開會之後,下班得直接前往餐廳再到迪斯可續攤的話,不要妄想能夠穿成舞會女王(妳會穿金蔥亮片小可愛去上班嗎?)。

Dress code

→ 用煙裝來決勝負吧!不僅在辦公室能保持優雅,場景換成舞池也性感逼人。白天可以在外套裡面穿件罩衫或 T 恤,走出辦公室就把罩衫或 T 恤脫掉,塑造聖羅蘭風格(胸罩必須跟外套一樣是黑色)。包頭高跟鞋能持續串場(敢穿銀色高跟鞋去上班,就要有心理準備可能會在茶水間掀起一波話題)。可以戴上多條頸鍊(白天也能戴著上班)。下班時把公事包收進辦公室抽屜,換上一早小心翼翼捧著來的小巧手拿包。這才是行家級的事前準備功夫!就算超人也瞠乎其後。

鄉間 度週末

情境

✈ 巴黎人三不五時就會受邀到鄉下度週末,該如何穿著才不至於像個城市鄉巴佬呢?

Dress code

→ 擺脫一切與時尚有關的東西。所以,請把精品包留下來看家,以柳編包或棉質手提包,甚至 Besace 單肩背包取而代之。換上 Converse 球鞋,收好芭蕾平底鞋。摘下所有首飾,只戴上男性腕錶。穿著則以基本款為主(小背心、卡其長褲、T 恤),唯一允許的時尚單品是海軍條紋上衣,如果度週末的鄉間離海不遠就更棒了!

情境

✈ 聖誕節的夜晚無所禁忌，若想嘗試戲劇性的造型，絕對不能錯過這一天！

Dress code

⟶ 聖誕夜可能會上演許多家庭倫理大悲劇，因此可以把造型重點放在活潑的上衣來炒熱氣氛，比如螢光粉色系。如果要增添魅力色彩，下半身可以黑色為主，百褶長裙或是天鵝絨長褲都很適合。然後在整體造型上綴飾一些水鑽（髮夾或是腰帶扣環，但絕對不要綴在套頭毛衣上！）腳蹬芭蕾平底鞋最完美，因為平安夜通常是漫漫長夜。

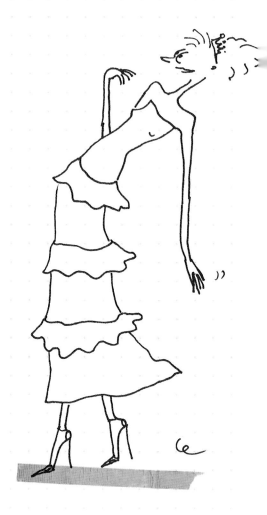

情境

✈ 誰都認識一兩個活在童話世界的「公主」，她婚禮的賓客都得盛裝穿著燕尾服或曳地長裙。

Dress code

⟶ 別穿當季流行色，除非妳還能在其他場合穿它千百次，而且也很容易跟婚禮中其他缺乏想像力的賓客撞衫（去年夏天珊瑚色就很熱門）。必備款黑色小洋裝無可匹敵，但我也非常鼓勵換穿黑色長洋裝。讓洋裝不呆板、看起來更活潑有個祕訣：在腰際用緞帶打個蝴蝶結就好（巴黎女人買緞帶的口袋店家是 chez Mokuba：地址 18, rue Montmartre, 1^(er).；電話 01

40 13 81 41）。如果妳堅持洋裝應該有點色彩，就選平常喜歡的顏色，這樣日後還能繼續穿。同時謹記這個座右銘：簡單為上。想與新娘爭風采永遠不討喜。最好搭配高跟鞋，不過如果妳想穿平底鞋……也沒人會怪妳的！

邀約朋友

情境

✱ 巴黎女人喜歡在造型上下工夫，但是邀請朋友來家裡時，會因為希望賓至如歸，而避免穿上細高跟鞋與黑色小洋裝讓客人食不知味。

Dress code

⟶ 最佳搭配就是上半身高雅、下半身瀟灑。穿平底鞋（平常在家應該是穿室內拖鞋……），隨便帶些手鍊或是長項鍊，再刷上睫毛膏，讓氣色像化了妝卻又不刻意，整體造型即大功告成。

公園
點心時間

情境

✱ 巴黎女人偶爾還是會抽出時間，去學校接孩子放學，再一起到公園走走。甚至有些比較大膽的巴黎女人，還會陪著孩子在沙坑玩耍呢！

Dress code

⟶ 絕對不要帶淑女手提包！不然別人會懷疑妳根本不知道孩子放學後應該給他吃點心。這類情境的造型有無規矩可循？當然有！牛仔褲、套頭衫（可能的話盡量穿鮮豔一點。畢竟要讓孩子在眾多父母當中一眼認出妳）跟球鞋（沙坑不是太容易駕馭的場所，不過還不至於需要穿夾腳拖）。

登上巴黎鐵塔

情境

✈ 不管是不是觀光客，在攀登艾菲爾鐵塔之前都要有所準備，切忌穿著尖頭細高跟鞋爬鋼鐵樓梯。

Dress code

⟶ 如果妳不是巴黎女人，千萬不要以為將所有流行行頭都穿在身上，就可以看起來像巴黎在地人。妳不刻意追求造型的時候，才會像巴黎女人。所以最好穿件套頭毛衣跟牛仔褲去參觀巴黎鐵塔，覺得冷的話再加一件厚呢短大衣。然後乖乖套上球鞋，因為排隊買票的人龍往往見首不見尾，而且走樓梯登上鐵塔也有益身體健康。

與準公婆碰面

情境

✈ 妳與男友即將論及婚嫁，他也準備要將妳介紹給他的父母認識。如何打扮的像個賢慧媳婦，卻又不會太刻意呢？（準公婆眼睛總是很利的……）

Dress code

⟶ 不需要穿得太女性化，不然可能會被誤解為賣弄性感。長褲為優先考量，絲質印花款式很不錯。如果時序為夏天，可以穿無袖背心，外面再套件小西裝外套（讓準公婆知道「妳是玩真的」），若是冬天就換成襯衫。至於鞋子則以平底為佳（莫卡辛休閒鞋永遠不會出錯），想給自己一點自信的話，可以穿有點跟的鞋子。但絕對避免 12 公分的高跟鞋，不僅完全不符合家庭聚會主題，還可能被認為是貪圖玩樂的輕浮女子。

情境

✈ 一早起床才知道今天會下一整天的雨。

Dress code

➜ 很多人都以為雨天該拿出壓箱寶風衣，但是要當心喔！風衣雖然帶個風字，卻一點都不擋風。所以應該穿上套頭毛衣，防風防水的風雨衣，最後再穿上風衣。輕便的防風防水外套最好有帶帽子。至於雨傘，妳可以忘記它的存在，不然不管拿到什麼地方都很礙手礙腳。其實在巴黎大概只有五歲的孩子會拿傘，而他們拿傘也只是想玩「打開－關上」的遊戲而已。一個稱職的巴黎母親都知道，只有輕便防風防水外套才能真正擋雨。

巴黎女人的 行李箱

收拾行李是所有巴黎女人的噩夢：又不能把整個衣物間塞進行李箱，那該如何在度假時繼續保持風格呢？大家都會幻想度假時一定要穿得美美地，跟時尚雜誌裡的模特兒一樣。不過現實總是殘酷的，最後發現自己整個夏天都是襯衫配短褲，頂多穿一件在度假當地逛舊貨市場時挖來的衣服。所以度假時不需要將整個衣櫃打包，不妨趁機順其自然放手海闊天空。不過妳也不可能兩手空空就出發，以下是我建議的最低程度必備行李清單。

✱ 不管目的地是何處，**丹寧**總是與我如影隨形。我的丹寧服飾最佳拍檔都是硬挺材質，而且來自 A.P.C.。

✱ **白色牛仔褲**也很實用，日夜都能穿。地位與黑色小洋裝不相上下。我替 Ines de la Fressange Paris 品牌設計的白色牛仔褲，則是個人偏愛的喇叭褲款式。

✱ 洗舊的藍色工作褲。

✱ *印度風圓裙*，或牛仔短褲。

✱ 平布織紋或亞麻材質**寬大襯衫**。

✳ 一、兩件**長袖** T 恤。我喜歡日本品牌 45RPM 跟我在美國買的 James Perse 或 Save Khaki（而且都是在男裝買的）。

✳ 印度傳統服飾 *kurta*

✳ **白色純棉洋裝**，去海灘或參加村莊舞會都很得體。

✳ 可以繫在腰部或髖部的**長腰帶**，是拯救造型的好幫手。我會在古著店 Kiliwatch 購買，或是像 Doursoux 這類的軍用剩餘物資店。

✳ 當然**內褲**也是一定要的。Petit Bateau 的內褲讓我上癮，誰說它們不夠性感？該性感的也不是內褲，而是穿內褲的人。就算穿黑色丁字褲也不代表魅力無法擋！

✳ **兩套泳裝**。

✳ **涼鞋與草編鞋**伴我度過整個夏天。我超愛 Rondini（rondini.fr）跟 Delphine & Victor（delphineetvictor. com）的涼鞋。最近新發現的品牌 Diegos（diegos.com）則可以線上自選草編鞋跟綁帶的顏色。我花了一個小時研究紅色綁帶配海軍藍草編鞋比較美，或是白色配紅色、紅色配玫瑰色？最後下單的是黑色草編鞋配黑色綁帶！

✳ 一件 *paréos*（沙龍）**長裙**。我通常避免帶太多 paréos、帽子、提籃跟小首飾，在旅遊當地尋寶才更見趣味。

機場時尚

別把事情想得太簡單，巴黎女人喜歡在機場從容自在地展現品味與風格。她們當然不會像躲避狗仔的好萊塢明星抬手遮臉，就算只是轉機，面臨各種突如其來的狀況，她們也必須面不改色地維持一貫風格。以下是巴黎女人優雅飛往世界的必備清單。

✱ 巴黎女人喜愛輕裝上陣，所以絕不會用又大又重的行李箱來壓斷自己的背脊，而寧願拿**兩個輕巧的輪式尼龍旅行箱**。反正又帶不走整個衣櫃……。去參加坎城影展的女星，才需要大行李箱來裝令她們無法取捨的紅毯禮服，若只是要躺在海灘曬太陽就顯得有點多餘。至於行李箱的顏色（沒錯！沒錯！面對任何細節都不能存有僥倖心理），黑色當然最保險，但每個人家裡都有一卡黑皮箱啊！如果不想在行李轉盤上扮演「NG 大神探」翻找自己的行李，就選一只土黃色的行李箱吧（像我喜愛的 Périgot 品牌、Eastpack 的滾輪旅行袋，或是 Bric's 的軟殼旅行箱）！

✱ 在機艙上想脫掉鞋子時，可以套上襪子。

✱ 長途飛行的時候可以穿**低腰窄管長褲**（純棉或厚絨）。絕對不要穿裙子或洋裝！

✱ 一定要穿保暖的**套頭毛衣**。毛衣裡面則採洋蔥式穿法（無袖背心、長袖 T 恤），這樣到了目的地時才能根據氣溫一層一層脫掉。

✖ **保濕霜、護唇膏跟滋潤眼藥水**……機艙內的滋潤與保濕非常重要！

✖ **球鞋**（Converse 是我的首選）。穿包頭高跟鞋或馬靴搭飛機這種事，想都別想！妳若睡前脫鞋，一覺醒來之後就再也套不上了。妳只能拎著鞋子（或當耳環）下飛機！

✖ **大型手提袋**，方便背著書、雜誌或電腦。

登山行囊

我喜歡滑雪。但還不至於會把自己塞進臃腫的連身滑雪服裡，活像米其林輪胎的吉祥物。我滑雪也照穿牛仔褲，還可以因此省下不少冬天的行李空間。

巴黎女人的11種必備時尚單品

出色而簡單，才能打造絕佳造型。巴黎女人的風格通常很簡單，衣櫃裡只要有下列單品就萬無一失：男款西裝外套、風衣、海軍藍套頭毛衣、無袖背心、黑色小洋裝、牛仔褲、皮夾克⋯⋯剩下的就是排列組合的問題了。如何突出造型的重點？如何信手巧搭基本必備款？要避免哪些造型陷阱？讓我用下列 11 個巴黎女人必備的基本款來示範道地巴黎時尚。

謎樣的黑色小洋裝

造型重點

簡單、俐落、純粹……而且非常優雅。

名流風格

搭配大型黑色太陽眼鏡（Persol 八〇年代款式）跟芭蕾平底鞋。冬天的時候還可以戴上長手套。就像電影《第凡內早餐》裡的奧黛麗赫本一樣，我們也準備就緒前往 Tati Or（巴黎平價珠寶店）門前享用早餐。

經典傳說

黑色小洋裝不單單只是一件衣服，而是一種概念。它很抽象，又很萬能。「黑色小洋裝」？說實話，這個詞很難具體定義。法國小雲雀歌后琵雅芙（Édith Piaf）時常穿著黑色小洋裝，寬大手掌平放小腹的鏡頭深植人心。還有安娜·麥蘭妮（Anna Magnani）在義大利新現實主義風格電影中的流淚經典鏡頭，也是身著黑色小洋裝。對我們每一個人來說，黑色小洋裝代表著回憶。我們現在都有好幾件黑色小洋裝，跟牛仔褲一樣塞滿衣櫃，雖然每件款式各異，卻都統稱為黑色小洋裝。它是巴黎女人公開的祕密，或可說是女人之間的天機；無論何時何地都能挽救風格於無形。

經典品牌

驀然回首，陳列架上只剩下一件黑色小洋裝。頓時明白，它等著與我們相遇。每個品牌都藏著一件命定的黑色小洋裝，只為了成為女人衣櫃中的核心成員。

皮夾克

造型重點

隨時都能拯救太嚴肅的造型，避免看起來成熟得像個老媽子。

名流風格

咖啡色皮夾克白色牛仔褲＋絲質上衣＋高跟鞋。

穿搭訣竅

✱ 咖啡色皮革最高雅。

✱ 穿雪紡洋裝時搭配皮夾克，可避免看起來太「花園派對」風。

✱ 冬天時，皮夾克外面可以套上大衣，即使套頭毛衣長度超過夾克也無妨，優雅當中夾雜一絲搖滾奔放。

✱ 皮夾克搭配珍珠項鍊，越另類的搭配越對味！而且皮夾克越滄桑，魅力更驚人。買回來之後，不妨將它放在床墊下休息幾天……或是用腳踩個幾遍。當然，如果妳不想因為床墊下有東西而徹夜難眠，也可以直接去二手古著店購買皮夾克。

造型禁忌

➝ 別搭配重機風格馬靴，除非妳是大明星馬龍·白蘭度（Marlon Brando）。

經典品牌

皮夾克越貼身越好，口袋平貼不外翻，袖子與肩膀接合處要夠高。經典的皮夾克不見得隨處可見，我自己是在 Corinne Sarrut 二手衣物店買到的。雖然品牌已經不存在，但是重機風格（我選的沒有太誇張）的款式仍然相當熱門。

風衣

造型重點

如同女人的第二層肌膚，日常習慣的穿著。

名流風格

簡單搭配牛仔褲，或是正式一點的西裝褲，甚至宴會的黑色小禮服……說真的，妳能找出風衣不適合搭配的造型嗎？風衣與任何穿著都是天作之合，造型相得益彰。

穿搭訣竅

✈ 袖子推高到手肘，立起衣領，造型才不至於太僵硬。

造型禁忌

➜ 避免軍裝風格，畢竟風衣原本就是軍人的穿著，一身戎裝會讓人以為妳要前往戰壕。

➜ 切忌搭配長裙，以免看起來像蛋糕塔。

➜ 別穿成套的兩件式針織衫，戴珍珠項鍊，搭配窄裙，再戴上髮箍，這樣看起來太不苟言笑……除非妳是故意搞笑的二八年華女孩兒。

➜ 忌人造紡織材質。

經典品牌

Burberry 當然是首選。市面上有很多風衣乍看之下跟 Burberry 很像，雖然沒有 Burberry 神奇的內襯設計，倒也能依樣打造經典的傳奇造型。

海軍藍套頭毛衣

造型重點

風格俐落又不至於太嚴肅。樸素而高雅，更勝黑色。老實說，簡單的黑色套頭毛衣有時候太便宜行事了。

名流風格

白色牛仔褲＋深 V 領海軍藍毛衣＋高跟涼鞋＋皮夾克。

穿搭訣竅

✳ 搭配白色牛仔褲更能彰顯魅力。

✳ 搭配黑色大衣，如聖羅蘭大師般巧搭藍與黑。

✳ 要有輕鬆瀟灑的風格就穿上平底鞋。

✳ 參加晚宴或外出時，可搭配高跟鞋。再戴上長串手鍊，整體風格脫俗閃亮不浮誇。

材質選擇

一定要是喀什米爾羊毛。會不會很貴？其實還好！到處都能找到平價的喀什米爾毛衣（巴黎女人一向去 Monoprix 搶購）。而且一件喀什米爾毛衣比其他任何材質都更耐久，有些毛衣洗個幾次就壞了。

造型禁忌

→ 海軍藍毛衣幾乎百無禁忌……除了搭配黃色之外（太瑞典國旗風了）。

經典品牌

到處都買得到各式各樣的海軍藍毛衣，我的則來自 Uniqlo（當然不只是因為我與他們合作，這個日本品牌的確非常注重商品的品質）。

海軍藍男款外套

造型重點

優雅不浮誇，陽剛陰柔並濟。

名流風格

套頭衫＋牛仔褲＋球鞋，搭配超級經典的
海軍藍男款外套，衣櫃裡有這款「制服」
的才是真正巴黎女人。

穿搭訣竅

✶ 套上一件運動長褲。

✶ 搭配白色西裝長褲與丹寧襯衫，就是
最有態度的穿搭。

✶ 裡面一件金蔥亮片小洋裝，就能轉身
參加節慶派對。

✶ 搭配洗舊的牛仔褲與 T 恤，奧斯卡
最佳基本穿搭獎非妳莫屬。

造型禁忌

⟶ 千萬不要搭長裙。

經典品牌

當然一定要在去男裝專櫃選
購，選擇小號的尺寸。不管是
Zara、Ines de la Fressange
Paris 或是 Éric Bompard，這
種銀行家偏好的外套款式向來
以簡約風格（拜託不要有太顯
眼的鈕扣）著稱。

牛仔褲

名流風格

穿舊的牛仔褲＋煙裝＋漆皮德比鞋＋印花圍巾。

最佳顏色

✳ 淺藍、水洗、磨白、靛藍，只要有這四個色調的牛仔褲，就能搞定一年四季的造型。

✳ 黑色牛仔褲也當仁不讓。

✳ 想要活潑的造型可以穿白色牛仔褲。

接下來就靠妳的創意，自由搭配自己喜歡的顏色了。

造型重點

過去我們通常只有一條制式的牛仔褲。現在的牛仔褲造型多變，顏色也繽紛：天藍色、海藍色、白色、黑色……一個人擁有好幾條也不奇怪，還能視心情與季節隨心所欲搭配造型。

最佳款式

牛仔褲款式大戰方興未艾，各有各的擁護者，連時尚達人也不免在 baggy 與 boyfriend 之間左右為難。直筒剪裁應該是各方唯一的共識，也最歷久不衰。

穿白色牛仔褲的時機？

誰說白色牛仔褲只能夏天穿？我強烈建議冬天穿白色牛仔褲，上身搭配海軍藍套頭毛衣，腳上則穿芭蕾平底鞋。白色牛仔褲也很適合晚宴造型，加上一件銀色亮片西裝外套，連參加總統府國宴都不會失禮！

經典品牌

最經典的牛仔褲就是穿在妳身上最好看的那一條！

無袖背心

造型重點

稱職的綠葉，無怨無悔地襯托完美造型。

名流風格

白色無袖背心＋米色西裝長褲＋男款西裝外套＋莫卡辛休閒鞋。

穿搭訣竅

✳ 搭配短褲、牛仔褲甚至裙子（特別是印花長裙）都很出色。

✳ 搭配一條美麗絕倫的項鍊。

✳ 搭配煙裝外套或是 blazer 休閒西裝外套。

最佳顏色

簡單的基本色：白、黑、灰、藏青或土黃。千萬不要因為流行就選松綠色，也不要紅色。如果妳想在夏天擠滿人的海灘上一眼認出妳的小孩，倒是可以讓他穿紅色無袖背心，但其他場合不適合。

造型禁忌

➝ 忌裸色背心。誰想看起來像裸體？

➝ 印著「Marcel」字樣的背心。多此一舉——因為無袖背心是由一家名為 Marcel 的服裝品牌率先推出，因此法國人又稱無袖背心為 Marcel。

經典品牌

不用懷疑，就是 Le Petit Bateau！法國最棒的選擇，所以是巴黎女人必備之物。它為青少年（16歲）設計的較小版型，能夠讓妳瞬間看起來時髦有型。

鉛筆窄裙

造型重點

不穿迷你裙也能性感迷人。

名流風格

最好能打破窄裙過於傳統的一面，搭配 T 恤最適當。

穿搭訣竅

✈ 搭配一般夾克或是飛行員 bomber 夾克，絕對不可以搭 blazer 休閒西裝外套。

✈ 上身穿男款襯衫，下擺紮進裙子，鬆開襯衫最上面的幾顆鈕扣，將衣袖捲起。

✈ 搭配寬大的套頭毛衣，就能立即打造瀟灑宜人的風格。

造型禁忌

⟶ 避免「上班族」造型，不要搭配綢緞罩衫、blazer 休閒西裝外套跟包頭高跟鞋。

經典品牌

Christian Dior 是率先推出鉛筆窄裙系列的品牌，目前仍是其熱門單品。不過，現在幾乎每個品牌都能買到。

連身褲裝

造型重點

當然不是為了打扮成附近的修車廠工人，而是要成為魅力十足的女人。

名流風格

褲裝裡面一絲不掛，僅套上平底涼鞋。

穿搭訣竅

✈ 繫上一條閃亮的大型軍用皮帶或是鉚釘腰帶，整個造型就非常有氣勢。

✈ 在低胸領口掛上多條項鍊。

造型禁忌

⟶ 雖然很多女人會搭配包頭高跟鞋，但真正的巴黎女人絕對不會這樣穿。

經典品牌

具原創性的品牌。例如工作服專賣店裡的，不貴也不太合身，卻很符合造型的要求。我的口袋名單則來自 Atelier Beaurepaire（atelierbeaurepaire.com）。

白襯衫

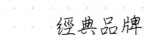

經典品牌

巴黎女人會告訴妳，Charvet（28, place Vendôme, Paris 1er）的白襯衫無可匹敵。

造型重點

不論何種造型，搭配白襯衫就能立即有型。

名流風格

搭配牛仔褲與銀色涼鞋，簡單而出眾。

穿搭訣竅

✳ 搭配皮夾克。

✳ 搭配鉛筆窄裙。

✳ 加上煙裝外套，即能出入名流場所。

✳ 厚呢短大衣則能增添莊重感。

✳ 搭配白色套裝的三件式穿法，讓人耳目一新。

造型禁忌

⟶ 不要試圖將白襯衫與其他印花圖案混搭。白襯衫並不平淡乏味，它完全可以獨挑大梁。

造型重點

陽剛與陰柔並濟，切忌一味陽剛。穿著男裝而更顯女人味才是爐火純青的造型高手。

名流風格

海軍藍西裝外套＋白色雪紡罩衫＋白色牛仔褲，乾淨又俐落，適合每一個人！

造型禁忌

→ 男裝搭迷你裙是大忌，迷你裙太女性化，會抹煞陽剛的一面。

→ 西裝外套不要太寬大，否則有失高雅，大斜肩的剪裁更是大忌！

男款西裝外套

穿搭訣竅

✗ 一定要繫腰帶！

✗ 袖子推高至手肘，能避免造型太嚴肅，並增添輕鬆高雅風格。外套內襯若是不同顏色效果會更好，整體看起來更活潑。

✗ 白天可以搭配不同顏色的長褲（牛仔褲永遠不會出錯）。

✗ 晚上則搭配同色系的長褲（黑配黑，自古皆然的最佳拍檔）。

✗ 西裝外套裡穿一件不經意敞開領口的白襯衫，性感指數無限飆升。若配上絲質或亮質蕾絲上衣，則高雅又性感。

經典品牌

Yves Saint Laurent 品牌的煙裝外套是首選。然後聽從聖羅蘭大師的建議：外套裡面最好只穿胸罩。當然它的價格不太親民，幸好現在很多品牌都紛紛仿效，推出大家都買得起的外套啦！

配件才是主角

巴黎女人喜歡用基本款來呈現時尚感，因此她們的風格都
藏在飾品配件上。而且飾品最好選購，因為不用考慮身材
高矮胖瘦。假如妳想多花一點錢在配件上，衣服就可以買
比較便宜的，反正沒有人會發現！總而言之，配件至關重
要！

鞋的時尚秀

女人常把自己的幻想投射在鞋上，選購的鞋款就像是她們渴望成為的樣子，這就是為什麼有些人會買從來不穿的鞋。我們對鞋子的欲望跟包包一樣：就算已經有了，還是無法抵擋新款的呼喚。換一雙鞋就可以讓穿搭呈現不一樣的感覺。

想一想

鞋子數量不用多，寧願只擁有一雙超級美的鞋！記得準備一雙球鞋，下雨的時候穿。

關於高跟鞋

很多女人認為自己穿高跟鞋看起來會比較美，絕對錯誤！如果她們問男性有什麼看法，絕對不會有人說：「如果妳再高10公分的話，我會更愛妳！」更別提女人常常穿上高跟鞋就忘了怎麼走路，走路失去平衡感看起來真的很糟！想展現性感，首先走路要跟貓一樣輕巧，而不是搖搖晃晃的。我認識一些為了讓自己看起來更高的女孩，卻因沒有掌握好穿高跟鞋的技巧，最後得靠拐杖走路。想穿高跟鞋，還是多多在家練習吧！

莫卡辛鞋

涼鞋

德比鞋

芭蕾舞鞋

巴黎女人
鞋櫃裡的
必備款……

黑色跟鞋

馬靴

天鵝絨便鞋

球鞋

莫卡辛鞋

✴ 絕對不能沒有的鞋款。穿莫卡辛的訣竅是混搭，千萬別搭百褶裙，那樣會是看膩了的 BCBG 風格：最好穿有點厚度的襪子，再搭配一條較短的牛仔褲。若是一分錢硬幣滑到鞋子正面還可以帶來好運。我有各種品牌的莫卡辛鞋，包括經典品牌 G.H. Bass & Co. 的 Weejuns 款。

涼鞋

✷ 夏天怎麼可以沒有涼鞋！南法聖托佩的 Rondini 是經典品牌，只能在當地或官網（rondini.fr）買到。同樣來自聖托佩的 K. Jacques 也很不賴，可以去官網（kjacques.fr）或巴黎第四區（地址 16, rue Pavée, 4ᵉ；電話 01 40 27 03 57）購買。不過巴黎女人一定會告訴妳最好親自去南法買。

德比鞋

✷ 穿德比鞋的理想時機？當妳想要比較經典的打扮，又不想太做作，或是想要平凡一些，卻不要太過「低調」時。最好是搭牛仔褲穿。

芭蕾平底鞋

✷ 經典義大利品牌 E. Porselli 可以去米蘭或是 A.P.C.（apc.fr）買。如果妳跟我一樣個子比較高，也受夠了大家每次都問「妳真的需要穿高跟鞋嗎？」那妳就穿芭蕾平底鞋吧，可以穿整天都沒問題。更棒的是，芭蕾舞鞋有各種款式，適合各種場合！

黑色包頭跟鞋

✷ 絕對值得投資一雙好的黑色高跟鞋，因為一雙就夠我們穿一輩子了。當然，有時我們需要圓頭的，有時又需要尖頭的，買一雙既不太圓也不太尖的超級經典款，就可以歷久彌新。

馬靴

✷ 馬靴就像是冬天的芭蕾舞鞋。35 歲以下可以穿馬靴搭裙子、洋裝，或是配短褲加褲襪。選黑色和棕色的話看起來必須像真的馬靴，有些特別講究的巴黎女人會直接去馬術運動用品店買。

天鵝絨便鞋

✷ 我的便鞋跟威尼斯貢多拉船夫那種麂皮鞋不太一樣，比較像是鞋版較窄的天鵝絨莫卡辛，上面有寶石和刺繡裝飾。參加派對也有穿高跟鞋以外的選擇！

球鞋

✷ 巴黎女人現在即使星期一穿洋裝也會配球鞋了。雖然任何品牌的球鞋都可以，但我個人是 Converse 的忠實粉絲。從 7 歲到 77 歲，巴黎女人一定都有一雙 Converse。

風格藏在包包裡

寧願拿柳編籃也不要拿仿冒的名牌包，支持仿冒就是和時尚唱反調。

包包幾乎不可能讓妳出錯（除了後背包），從動物圖紋到正紅色都OK，整天帶著亮片包也行得通。

搭配同色的包包的和鞋子，是 30 歲以下女性的特權，如果超過 30 歲還這樣搭，反而會看起來老十歲！

包包是巴黎女人穿搭最關鍵的元素之一。選購適合的包很重要：好的包可以讓生活更有條理（有可以收手機和唇膏的口袋，能掛鑰匙的扣環和手電筒），也可能讓人生活更混亂（裝了太多東西的大提包，老是撈不到要找的東西）。巴黎女人選的不會是本季當紅款，而是令她怦然心動的。她們對 it bag 興趣缺缺，追求的是心目中理想的那個「真命天包」。

仕女包

此生必定
要擁有的
五種包

柳編籃

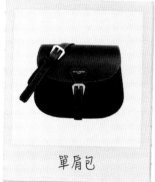

單肩包

大托特包

晚宴包

仕女包

✳ 巴黎女人喜歡說這是祖母以前的包包，其實大家都知道是她去愛馬仕買的。

單肩包

✳ 可以用一輩子的單肩包！當妳想要穿的比較休閒，或不想讓人家以為妳一直在換新包包的時候，就可以背它出門！

柳編籃

✳ 夏天的好朋友，讓我們假裝自己是在聖托佩度假的柏金家族（Les Birkin）。巴黎女人也會在市區拿柳編籃，尤其想跟最高雅的造型來個混搭的時候。

大型托特包

✳ 永遠的好朋友。如果晚上要參加派對但不方便回家一趟，可以把晚宴包裝在托特包內，下班時再神不知鬼不覺地拿出小包，托特包則功成身退直接留在辦公室。

晚宴包

✳ 衣櫥裡鎮有一個閃閃發亮的晚宴包，就像廚房一定要有 Marks & Spencer 的甜鹹爆米花一樣。亮片、水鑽、蕾絲等耀眼的材質，都是改變時尚歷史的功臣。

閃耀的珠寶

還有人認為鑽石只能在晚上戴嗎？當然整天都可以戴！我會在白天穿 T 恤的時候戴祖母留給我的排鑽項鍊、當別人問我這是哪買的、我會說這只是假貨。有時我也會戴假鑽、反正現在能分辨真假鑽石差別的人少之又少。

想一想

不要把訂婚戒指、十週年紀念戒和四個孩子出生時收到的墜飾手鏈一起戴著，婚戒才是妳最美麗的珠寶。

建議可以選擇 Marie-Hélène de Taillac 的碧璽或是 Adelline 的閃電石，展現樸實又精緻的奢華風格。

永遠不嫌多

雖然巴黎女人不喜歡全身披掛上陣，但並不代表她們是極簡主義者。她們是項鍊和手鍊的蒐集控。不過，千萬別把這兩樣同時往身上戴，除非是夏天沒穿太多衣服的時候。

想配戴多樣首飾時，一定要選相同的材質：全部銀的或是全部金的。如果穿低胸上衣，可搭配不同長度的項鍊來修飾胸口。

寬版手環

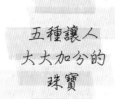

五種讓人
大大加分的
珠寶

幸運手環

男性腕錶

古董耳環

彩色寶石戒指

寬版手環

✳ 寬版手環就像展現身材的一種宣言，成串手鐲也值得購買。

男性腕錶

✳ 可以避免他人對珠寶的膚淺印象。

幸運手環

✳ 如果妳的幸運手環是從國外來的，可以這樣跟朋友說：「我也很想跟妳講是在哪買的，不過這是一個朋友從印度幫我帶回來的。

古董耳環

✳ 歷經百年歲月的設計永遠不退流行。

彩色寶石戒指

✳ 鑲有完整寶石或半顆寶石的金戒指，是永恆的代名詞。

大忌

大項鍊＋大耳環，這會讓妳看起來像棵聖誕樹。

理想的衣櫃

「我沒衣服可以穿！」這句話妳說過嗎？專業時尚人士偶爾也會覺得衣櫃很空，老是重複穿一樣的衣服。其實只要掌握一些混搭技巧，以下分享的這五種穿法，就夠我們應付一輩子了！

丹寧造型

關鍵單品

適合搭配牛仔褲的服飾：

→ 1. 增添氣質的**雙排扣厚呢短大衣**。

→ 2. 完美打造簡單穿搭的**蜜兒鞋**。

→ 3. **白T恤**，簡約的必備單品。

→ 4. **手拿包**，為低調造型增添時尚感。

→ 5, 6. **古董錶和棕色皮帶**。

晚間裝扮

關鍵單品

適合搭配煙裝外套的服飾：

> 1. **白色罩衫**（或**白色男襯衫**）。

> 2. **煙裝西服褲**（**牛仔褲**也可以）。

> 3, 4, 5. 打開襯衫的鈕扣。如果是重要的場合，可以戴**鑲水鑽或寶石長項鍊**，
再配一個**鑲寶石的手拿包**。

> 6. **沒有鞋帶的球鞋**（不要穿跟鞋，太老套了！）。

挑戰流行

關鍵單品

適合搭配白色長褲的衣物：

→ 1. **動物紋大衣**，或是**流行款外套**，格紋或亮色系都不錯。

→ 2. **黑色跟鞋**（球鞋會比較適合搭配日間穿著）。

→ 3. 加上**黑色毛衣**就是冬天的好夥伴。

→ 4. **單肩包**，可以緩和太高雅的感覺。

→ 5, 6. 一大串**手鐲**和**黑色皮帶**。

職場穿搭

關鍵單品

適合搭配黑色毛衣的衣物：

⟶ 1. **黑色天鵝絨褲**，比起牛仔褲感覺更柔和。

⟶ 2. 類似學生鞋的**莫卡辛休閒鞋**給人比較正經的感覺。

⟶ 3. 時髦的**大托特包**，能裝許多文件檔案。

⟶ 4. **男款外套**（只要線條優美，什麼顏色都可以）。

混搭女王

關鍵單品

適合搭配柳編籃的衣物：

→ 1. **皮夾克**（或**牛仔外套**）。搖滾或民族風格都很有型。

→ 2. 花卉圖案的**輕柔洋裝**。如果配長洋裝，會立即看起來非常時尚（要當心皮夾克可能讓人誤解的風格）。

→ 3, 4. 帶綴飾的**長項鍊**和**寬版手環**永遠都很搭配。

→ 5. 用華麗閃亮的**平底涼鞋**，中和一下整體的搖滾及民族風格。

一定要有的單品清單

完美的衣櫃並不存在：我們總會發現自己少了什麼。不過我學會了為衣
櫃斷捨離，因為現在已經不流行囤物、這樣也更容易一目瞭然。以下是
衣櫃裡必備的基本款式：

牛仔褲

- ☐ 黑
- ☐ 藍
- ☐ 水洗
- ☐ 白

西裝長褲

- ☐ 高腰長褲
- ☐ 黑色絨褲
- ☐ 印花絲質長褲
- ☐ 九分褲
- ☐ 海軍藍寬褲

短褲

- ☐ 夏天專屬牛仔短褲

裙子

- ☐ 鉛筆裙
- ☐ 長裙

洋裝

- ☐ 長版襯衫洋裝
- ☐ 黑色小洋裝

毛衣

- ☐ 高領毛衣，黑色或海軍藍
- ☐ 圓領毛衣，黑色、海軍藍或
  卡其色
- ☐ V領毛衣，黑色、海軍藍或
  卡其色
- ☐ 桃紅色毛衣
- ☐ 厚毛衣

長袖衛衣

- ☐ 灰色長袖衛衣

罩衫和襯衫

- ☐ 白色罩衫
- ☐ 格紋襯衫
- ☐ 條紋襯衫
- ☐ 白襯衫
- ☐ 淺藍（或丹寧）襯衫

T 恤和無袖背心

- ☐ 白色或黑色 T 恤
- ☐ 背心
- ☐ 細肩帶 V 領背心
- ☐ 條紋上衣
- ☐ 棉質印度風罩衫

Des sacs bijoux

夾克、西裝外套和大衣

- ☐ 皮夾克
- ☐ 牛仔外套
- ☐ 黑色或海軍藍休閒西裝外套
- ☐ 煙裝外套
- ☐ 排扣厚呢短大衣
- ☐ 卡其色風衣
- ☐ 海軍藍男版大衣

包包

- ☐ 單肩包
- ☐ 柳編籃
- ☐ 黑色迷你包
- ☐ 托特包
- ☐ 閃亮的晚宴包

珠寶飾品

- ☐ 寬版手環
- ☐ 層疊頸鍊
- ☐ 金色手鐲
- ☐ 水鑽飾品

皮帶

- ☐ 黑色皮帶
- ☐ 棕色皮帶

鞋

- ☐ 美式莫卡辛休閒鞋
- ☐ 鑲嵌珠寶的麂皮便鞋
- ☐ 德比鞋
- ☐ 芭蕾平底鞋
- ☐ 黑色包頭高跟鞋
- ☐ 平底涼鞋
- ☐ 球鞋
- ☐ 寬筒馬靴
- ☐ 短靴

絲巾與圍巾

- ☐ 喀什米爾圍巾
- ☐ 印花絲巾

帽子

- ☐ 海軍藍棒球帽
- ☐ 草帽

血拼祕技

大家應該都曾失心瘋，追過稍縱即逝的流行吧。我自首，我買過一條下擺波浪太誇張的長裙，結果只穿過一次，裙子後來去了Emmaüs（譯註：法國收售二手衣濟貧的知名社福機構），變成某位時尚達人的戰利品。如果想避免買一堆不適合自己的東西，最好事先在腦海中勾勒購物的場景，下決定要快狠準。以下這些祕技可以讓妳買得開心又不會成為時尚受害者。

櫃姐的話該聽嗎？

✕ 儘管有些櫃姐使盡混身解數，想讓妳離開店裡時提著大包戰利品，但為了讓顧客能回頭光顧，大多數還是會提供中肯的建議，所以櫃姐的建議是值得參考的。唯有以下這些話術，妳得敬而遠之：

● 「這一季很流行這個喔！」巴黎女人最討厭買大家都在穿的東西，她們想要的是適合自己的商品，不是趕流行。

● 「我自己也買這個」、「我每天都穿這個」（汽車業務員的經典臺詞）。

● 「這件本來就是設計貼身的」這是尺碼缺貨的話術。

● 「鞋子穿穿就會變鬆。」在能穿去參加派對之前，妳可能得先在家配滑雪襪穿上三個月，才能把它們撐大。

太跟流行會喪失風格

✱ 巴黎女人總是假裝不在乎流行。「哦？豹紋很流行嗎？不過我已經穿十年了耶。我不會為了跟流行而穿。」她們明明就很關注時尚趨勢，然後默默地把流行元素融合在穿搭中，不讓任何人發現。想追隨流行但又保持自我風格，必須掌握某些原則：假如走經典風格，就不要配當紅的銀色裙子，卻可以搭配很有人氣的繫結襯衫。要知道自己的限制在哪，才不會讓打扮落入短暫的時尚陷阱。

避免衣櫃爆炸
（巴黎的衣櫃都很小）

✱ 打造一個賞心悅目的衣櫃，不只需要一些質感好的基本款，還要收藏一些令人心動的東西（美麗的皮帶、手袋、珠寶首飾）。即使預算不高，也能找到一千種方法讓自己打扮漂亮。我們其實不需要很多衣服，毛衣、夾克和大衣都是重質不重量，目標應該是買得巧而不是買得多，千萬不要想「這件等家裡油漆時可以穿」，要學會刪去法，大可把衣服捐出去。我可以肯定地告訴妳，當妳打開衣櫃看到東西很少、擺放整齊，會感覺今天有個美好的開始！

掏出錢包前先問自己三個問題

● 我今晚可以穿嗎？
○ 是 ⟶ 買！
○ 否 ⟶ 放回架上。

● 我那位打扮很有風格的朋友會想穿嗎？
○ 是 ⟶ 買！（如果真的穿不到還可以送她）
○ 否 ⟶ 放回架上。

● 我有粉紅色的毛衣嗎？（如果是黑色或海軍藍就不用問了，我們永遠少一件……）
○ 是 ⟶ 放回架上。
○ 否 ⟶ 買！（妳可能會覺得奇怪，但每個人都需要一件粉紅毛衣）

時尚好去處

儘管全球著名的蒙田大道（Avenue
Montaigne）上，羅列著如 Dior、
Chanel、Louis Vuitton、Saint
Laurent、Hermès、Céline 等大店，
以及其他許多法國頂級品牌的本店
或旗艦店，巴黎女人並不是只在這
裡購物。她們也喜歡去精品店之
外的地方逛逛，例如一些可愛的小
店鋪、時尚潮店或傳說名勝，以下
這些是我最喜歡的店點。

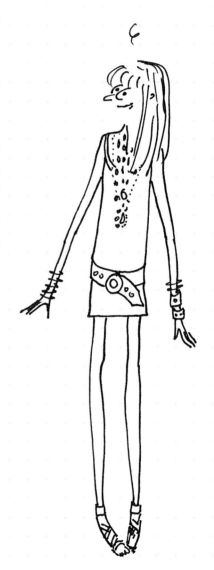

服飾

Casey Casey

設計風格

✱ 極簡卻不極端，材質非常講究。巴黎本地出品，能完美打造出自我風格。不退流行的設計，商品簡單又有質感，可以穿很久。重點：完全法國製造。

悄悄話

「妳確定 Casey 不是日本品牌嗎？他有可能是三宅一生的兒子？」

必買單品

✱ 寬大的棉質洋裝，穿去度假的完美選項，不只很美，下擺還有蓬褶。

6, rue de Solférino, 7ᵉ
01 53 20 03 82
caseycasey.eu

Society Room

設計風格

✱ 我特別喜歡他們選在非精華地段開店的概念！彷彿妳得認識品牌創始人 Yvan Benbanaste 或 Fabrice Pinchart-Deny，才能走進這個很像住家的空間。其實只要預約，就能在這家店接受量身訂製的服務。設計師 Yvan Benbanaste 是品牌設計的靈魂人物，為客量製的襯衫、西裝完美極了，不論是英式或義式剪裁，我統統都愛！除了訂製服外，品牌也推出相當中性的女性成衣系列。備註：店內的擺設一直在更換，所有家具都是可以購買的。

必買單品

✱ 為妳量身打造的衣服！

悄悄話

「我要買這件西裝和這張桌子！」

9, rue Pasquier, 8ᵉ
01 73 77 87 62
society-room.com

Ba&Sh

悄悄話

「今年夏天我穿這件 Ba&sh 洋裝參加我姐的婚禮，它也適合冬天搭靴子和褲襪穿。好穿、划算又很環保！」

設計風格

✳ 十幾年來，讓巴黎年輕女性對印花洋裝上癮並持續購買的品牌。有趣又時髦的設計，是兩位品牌創始人 Sharon 和 Barbara 成功的原因。如果想找各種年齡層都能展現女人味的衣服，就去 Ba&sh（設計師很聰明，每件洋裝都會出兩種長度）。

必買單品

✳ 任何一件讓妳穿起來貼身卻又能修飾小腹的洋裝（這品牌的洋裝就是如此神奇！）

81, avenue Victor Hugo, 16ᵉ
01 88 33 50 78
22, rue des Francs-Bourgeois, 3ᵉ
01 42 78 55 10
59 bis, rue Bonaparte, 6ᵉ
01 43 26 67 10
ba-sh.com（提供國際運送服務）

Ines de la Fressange

悄悄話
「我該買手環還是掃把？」

設計風格

✱ 這本書提到的所有單品在我店裡都找得到，也有我自己設計的衣服（還是有海軍藍外套和牛仔褲以外的東西啦）。店裡也買得到我喜歡的日常用品或是裝飾品、兒童玩具品牌和 Peridot 給皂器（比原本的瓶裝款式更時髦）。我不太敢去店裡買送人的禮物，因為怕人家以為我沒付錢（不符合時尚的形象）。但我經常會後悔，因為店裡可以給我一大堆靈感和外面找不到的好東西。

必買單品

✱ 真的很難選，我很想說「全都打包吧！」總之，很多人都說褲子做得很不錯。

24, rue de Grenelle, 6ᵉ
01 45 48 19 06
inesdelafressange.fr（提供國際運送服務）

The Place London

設計風格

✱ 儘管大部分巴黎女人主要都在巴黎購物，還是會關注倫敦的流行趨勢。這家店的老闆是 Simon Burstein，以前就在時尚產業工作。他的父親曾經是選物店 Browns（後來被 Farfetch 收購）的設計師，經營 Sonia Rykiel 品牌超過二十年。店內集結了許多英國品牌，也有一些法國品牌（Sofie d'Hoore, Stouls, Laurence Dacade 等）。The Place London 的第三家店已經開到倫敦去了（Connaught Street）。誰說英國脫歐了？

必買單品

✱ New Man 品牌風行百年的經典絨褲。

悄悄話

「不用去倫敦了，這裡就有所有該認識的英國品牌！」

87, rue de l'Odéon, 6ᵉ
01 40 51 01 51
theplacelondon.co.uk（提供國際運送服務）

Bella Jones

設計風格

✈ Bella Jones 位於我常常散步的街道（Rue Jacob），但是我最近才發現這家店。店和品牌同名，由 Sylvie Sonsino 一手創辦。我喜歡這裡販售的日常穿著，很容易搭配，特別適合跟我一樣過了假扮少女年紀的女人們。帶著一點點波希米亞時尚，總之，這裡很有大家口中的巴黎女人風格。

必買單品

✈ 絨面西裝外套和長褲，還有剪裁超級完美的印花長褲。

悄悄話

這家店的前身是酒吧 Bar Vert，傳說中歌手茱麗葉．葛雷柯（Juliette Greco）與音樂家鮑希斯．維昂（Boris Vian）在聖日耳曼德佩區私會的祕密基地。

14, rue Jacob, 6ᵉ
09 83 22 39 85
bellajones.eu（提供國際運送服務）

Atelier Beaurepaire

悄悄話

「妳的藍色工作服一定要搭配少許配件。我都配一條藍白紅的皮帶，這也算修補工作啊！」

設計風格

✱ 週末很適合穿藍色工作服，因為我們可能需要幫忙修繕一些東西，就算沒有很在行，至少得看起來像個樣！我的工作服是在靠近聖馬丁運河的店購入的。

必買單品

✱ 當然是 Ohlala 的中性藍色工作連身褲。

28, rue Beaurepaire, 10ᵉ
01 42 08 17 03
atelierbeaurepaire.com
（提供部分國際運送服務）

Sandra Serraf

設計風格

✱ 應該要禁止我去這家選物店。我每次都從架上拿一堆衣服試穿，買到幾乎把整家店都清空。我喜歡這家店不會太超過的民族時尚風，他們的印地安風格印花很好看。店內挑選的商品都能打中我：Isabel Marant Étoile 系列的羅馬尼亞式罩衫，會讓西裝外套或是其他比較正經的穿搭顯得不太剛硬，還有 Laurence Bras 和其他外面找不到的品牌，例如 Xirena 和 V. de Vinster。當然，店裡也有我最喜歡的珠寶品牌之一 Pascale Monvoisin（請參閱第 109 頁）。

悄悄話

「Sandra 在店裡激推的設計師品牌，兩年後一定會被時尚雜誌報導。」

必買單品

✱ 很難只選一件。我喜歡摸起來軟軟的 Siyu 品牌長褲，超舒適，剪裁也完美，花色更是獨一無二，能輕易隨手塞進行李箱。還有飾品配件，白天晚上都很適合。

18, rue Mabillon, 6ᵉ
01 43 25 21 24
sandraserraf.fr

Simone

設計風格

✶ 這裡真的是我的愛店，第一版的時尚聖經沒有提到這家店，我很開心這次收錄了！因為這裡可以買到其他地方不常看到且相當具設計感的商品。光是毛衣的顏色就與眾不同，任何人都可以在這邊找到喜歡的東西，尤其是特別想擁有當季流行色的人。

悄悄話

這裡沒有人的名字叫 Simone，但卻是一個能讓人記住路名的好方法，畢竟幾乎沒有人去過這條路。

必買單品

✶ 我很難推薦什麼單品，因為 Simone 店裡的款式賣完就沒了。如果看到喜歡的東西，千萬別猶豫，下好離手。

1, rue Saint-Simon, 7ᵉ
01 42 22 81 40
IG : simoneruesaintsimon

From Future

設計風格

✳ 足以顛覆喀什米爾服飾市場的品牌。我愛這家店並不是因為什麼他們有什麼驚人之舉，單純只是因為剪裁非常現代感（也有出女兒很愛的短版毛衣），還有很多特別的顏色：海藍、橘、紫、桃紅等，而且毛衣的觸感很舒服。當然也能買到經典色。雖然他們以網路品牌起家，但位於巴黎的店家逛起來很舒適，不僅陳列一目瞭然，還按照織線數目排列。價格更是親民，一件細織毛衣只要 99 歐元，簡直物超所值！

必買單品

✳ 我的最愛是已經缺貨的黃色圓領毛衣。

54, rue de Rennes, 6ᵉ
01 43 21 22 30
fromfuture.com

Centre commercial

悄悄話

「店名果然沒取錯（法文意指購物中心），這裡跟購物中心一樣也買得到 Dr. Bronner 的香皂、蠟燭、餐桌藝術的書！」

設計風格

✱ 只要一有空，我就會想去這裡逛逛。男生可以在店裡找到所有文青風格的穿搭（巴黎男子必收品牌：AMI d'Alexandre Mattiussi）。女生的話，可以買一些流行的小品牌，如 Mass-cob 和 Margaux Lonnberg， 或 Isaac Reina 的包包。

必買單品

✱ Veja 是 Centre Commercial 創辦人之一於 2004 年成立的球鞋品牌，標榜重視人道和環境的製作過程。

9, rue Madame, 6ᵉ
09 63 52 01 79
centrecommercial.cc (提供國際運送服務)

By Marie

設計風格

✈ Marie Gas 的厲害之處，在於她的選品與眾不同且獨樹一格。店面只設在巴黎、聖托佩和馬賽，但店內特有的風格，讓想要買時尚單品的女孩不惜遠道而來。Marie 品味精準，選中的設計師都會走紅。從 Ancient Greek Sandals 到 Rue de Verneuil，還有 Tooshie 的泳衣，每件都好想要！

必買單品

✈ Marie Lichtenberg 的 Locket 珠寶系列，其設計靈感來自於加勒比海的馬丁尼克島，並於印度製作。

悄悄話

「她在珠寶堆裡長大的，父親是 André Gas 珠寶的同名創辦人。」

8, avenue George V, 8ᵉ
01 53 23 88 00
bymarie.com（提供國際運送服務）

Khadi and Co

悄悄話

「Bess 在 IG 貼文說每天都要幸福，不要怨天尤人。光是這點就讓我很想去店裡買東西。」

設計風格

✕ 妳來這裡就明白什麼是民族時尚風格，店內商品的剪裁和品質都很到位，布料很舒適，有披肩、外套、大衣、毯子、桌巾，顧客絕對可以挑到喜歡的東西。Khadi 之名取自倡導自由的印度獨立領袖甘地。店家的手工織布技術尤其出色，所以衣服又輕又薄。名為 Bess 的丹麥設計師總能帶給人幸福的感受。

必買單品

✕ 如果猶豫不決，就買圍巾吧！可以收藏一輩子。

82, boulevard Beaumarchais, 11ᵉ
01 43 57 10 25
khadiandco.com

Sœur

悄悄話

「我要把這個剛買的包
藏起來，不然一定會被女兒
拿走。」

設計風格

✳ 品牌 Sœurs（中文意指姐妹）
有兩位創辦人——Domitille 和 An-
gélique Brion 姐妹。一開始品牌鎖定
的族群是年輕少女，但卻無心插柳，
媽媽們對她們設計的十六歲女孩夾克
為之瘋狂，不斷要求品牌出大人版，
現在連 42 號的尺寸都有了。

必買單品

✳ 所有洋裝都好誘人！包包的魅力
也無法擋。

88, rue Bonaparte, 6ᵉ
01 46 34 19 33
12, boulevard des Filles du Calvaire, 11ᵉ
01 58 30 90 96
www.soeur.fr（提供國際運送服務）

Isabel Marant

悄悄話

「她推出男士系列了，
我找到一大堆寫著我名
字的東西！」

設計風格

✳ Isabel Marant 以民族時尚風一炮
而紅。刺繡長版罩衫、飄逸的長褲、
A字洋裝，這個品牌的衣著讓人穿起
來非常舒服。說它抓得住巴黎女人的
風格一點也不誇張：質感創意兼具，
沒有礙眼的商標，價格也不一定很昂
貴，又舒適的像牛仔褲一樣。簡而言
之，他們家每一件商品都是暢銷品。

必買單品

✳ 有那麼多值得買的，只推薦一件
太遜了，更何況他們每季商品都不一
樣。

1, rue Jacob, 6ᵉ
01 43 26 04 12
isabelmarant.tm.fr (提供國際運送服務)

Le Bon Marché

設計風格

✱ 這家時尚百貨公司完整集結了左岸風格，不只奢華精品，也有限量發售的創意品牌。選品相當犀利，顧客能在這找到 IG 時尚達人不斷宣傳的品牌。不論美妝、家飾、書店、男士和兒童服飾，通通走在潮流最前端。是巴黎購物行程的完美去處。

必買單品

✱ 在這裡幾乎買什麼都不會出錯，畢竟選品人都是巴黎最頂尖的採購。

24, rue de Sèvres, 6ᵉ
01 44 39 80 00
24s.com（提供國際運送服務）

A.P.C.

設計風格

✱ 品牌專出永恆基本款：V領毛衣、小洋裝、包包、長褲。所有的巴黎女人的衣櫃一定至少有一件 A.P.C.。

必買單品

✱ 剪裁完美的直筒牛仔褲，褲管可以往上捲或是照原本的樣子穿，絕對是品牌的明星商品。

悄悄話

「即使是剛堆出的當季新款，也有永恆不退流行的風采。」

112, rue Vieille-du-Temple, 3ᵉ
01 42 78 18 02
35, rue madame, 6ᵉ
01 70 38 26 69
www.apc.fr（提供國際運送服務）

Eres

設計風格

✱ 泳裝絕對是最難買的東西。巴黎天氣陰晴不定，身上還有來不及剷掉的幾公斤冬天留下的贅肉，試穿泳衣根本是自我虐待的行為。不過，去 Eres 絕對會讓妳覺得好過許多，因為他們的材質很神奇，品質也與眾不同。我十幾年前買的泳衣到現在都還能穿。能如此歷久而彌新，當然也是有一些「代價」的。

必買單品

✱ 每季都會有一款明星商品。但要買的是最適合妳的那件。

悄悄話

「該品牌將其萊卡系列取名為 peau douce（細緻肌膚），不言而喻，還需要再解釋什麼嗎？」

2, rue Tronchet, 8ᵉ.
01 47 42 28 82
40, avenue Montaigne, 18ᵉ
01 47 23 07 26
eresparis.com（提供國際運送服務）

Herbert Frère Sœur

悄悄話

「我真的不應該告訴大家這個品牌的⋯⋯我好怕他們的皮帶被搶購一空。」

設計風格

✱ 各種款式簡單俐落的包包。波西米亞－搖滾風格的包包不僅相當有設計感，也不失經典氣質。這個品牌誕生於布列塔尼，由 Herbert 兄妹聯手傳承父親的皮革工坊，並改造成今天的時尚風範。

必買單品

✱ 讓品牌一炮而紅的 Sab 包，Line 系列也很叫座。還有他們所有的皮革腰帶，巴黎女人一定會入手，而且絕對不會透露是哪個品牌⋯⋯就怕下次自己要買時就缺貨了！

12, rue Jean-Jacques Rousseau, Ier
02 99 94 72 21
herbert-freresœur.com

L'Uniform

設計風格

✱ 這是妳夢寐以求的袋子，因為設計師 Jeanne Signoles 秉持的理念，就是為顧客量身打造一只基本款的帆布袋。這個時髦的品牌誕生於卡爾卡松（Carcassonne），顧客可依自身喜好設計獨一無二的提袋。如果沒有耐心等候製作，也可以直接在店裡挑選現成提袋，並繡上自己的姓名縮寫字母。反正就是我女兒很喜歡的禮物。

必買單品

✱ 男女老少都適合的單肩背袋始終是人氣商品。

悄悄話

「我花了一整天在電腦上比較各種不同顏色的帆布，最後還是選了黑白配……」

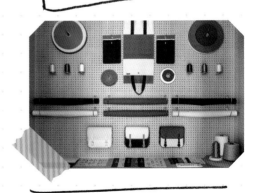

21, quai Malaquais, 6ᵉ
01 42 61 76 27
luniform.com (提供國際運送服務)

Avril Gau

風格

✈ 我認識 Avril Gau 這位傑出的時尚設計師蠻久了，也非常喜愛他的作品。不管是提包、皮鞋、馬靴或皮件，品質都極為精良。簡潔風格的手提包或兔子圖案的零錢包，都讓人愛不釋手。當然顏色也都非常時髦。

必買單品

✈ 提包個個簡潔俐落，鞋履也各具特色，真的會發生選擇障礙。

悄悄話

「當然囉！我買了金色的 Babies 鞋！每個小女孩夢想中的那一雙！不過，我還沒有穿過⋯⋯目前還沒有碰到能襯托她閃亮氣勢的場合！」

17, rue des Quatre-Vents, 6ᵉ
01 43 29 49 04
avrilgau.com（提供國際運送服務）

Jonathan Optic

設計風格

✈ 我喜歡老闆 Jonathan 眼裡散發的理念，他認為眼鏡必須能提升配戴者本身的價值。這家店不是一般的眼鏡超市，他的服務周到，不僅給予適當建議，也提供有用的資訊。購買眼鏡需要注意許多複雜的細節，最好還是交給專業人員較為妥當。

必買單品

✈ 這裡只有 Tom Ford、Moscot、Barton、Perreira 等，值得妳認識的眼鏡品牌。

悄悄話

「不要再告訴別人囉，Jonathan 還有另一家更具特色的仿古鏡框專賣店。（80, rue de Charonne, Paris 11ᵉ）

17, rue des Rosiers, 4ᵉ. 01 48 87 13 33
19, rue de Vignon, 8ᵉ. 01 40 06 97 62
jonathanoptic.com

Roger Vivier

設計風格

✈ 是我溫暖甜蜜的家啊！我就在這個發明高跟鞋的地方工作。不過這裡也有大名鼎鼎的方扣芭蕾平底鞋，大明星凱薩琳·丹妮芙在《青樓怨婦》（Belle de Jour）電影裡就穿著一雙。方扣芭蕾平底鞋相當神奇，不管是搭配牛仔褲或是洋裝都非常出色。品牌辨識率極高的方扣，也出現在我一手打造的系列提包中。如果妳需要一個能在晚會中讓眾人目眩的手拿包，這裡的選擇琳瑯滿目！

必買單品

✈ 綴有方扣的任何配件，風格渾然天成。

悄悄話

「穿上夢想中的美鞋，就能一步一步朝夢想前進！」這句話不是我說的，而是 Roger Vivier 本人！」

29, rue du Faubourg Saint-Honoré, 8ᵉ
01 53 43 00 85
rogervivier.com（提供國際運送服務）

Liwan

悄悄話

「親切的女主人肌膚光滑
如凝脂，她使用自家販賣
的阿勒波古皂。所以我也
買了七塊。」

設計風格

✳ 這家黎巴嫩小店從上到下品味精
緻出眾，女主人熱情的接待往往讓我
流連忘返。無論是長罩袍、布料、珠
寶飾品或家居擺飾小物，都能立即為
居家空間增添無上風采。

必買單品

✳ 各色皮革涼鞋與皮帶。

8, rue Saint-Sulpice, 6ᵉ
01 43 26 07 40
liwanlifestyle.com

Jérôme Dreyfuss

設計風格

✱ Jérôme 設計的提包絕對柔軟，超級實用，大小又極為完美，已經成為不可不買的時尚單品。還有許多設計巧思，像是能掛鑰匙的扣環，或是讓妳在黑暗中也能摸清包包底細的小手電筒。每一系列的提包都以男性命名，相當容易讓女性墜入情網。

必買單品

✱ 每款包都是男生的名字，怎麼可能不讓人想蒐集一整套呢？

悄悄話

「妳知道嗎？很久以前，他曾經是 Ines de la Fressange 品牌的實習生。」

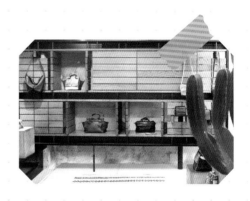

4, rue Jacob, 6ᵉ
01 56 81 85 30
1, rue Jacob, 6ᵉ
01 43 54 70 93
jerome-dreyfuss.com (提供國際運送服務)

Luj Paris

悄悄話

「我認識 Luj Paris 超久了，
那時候他們的設計師都還沒
有開始用 IG 呢……」

設計風格

✱ 這個珠寶界的新星是巴黎女人全
體一致的新歡，巧手打造的首飾也常
見於各大時尚雜誌封面。綠松石材質
的衝浪項圈是最暢銷的單品。設計師
Julie Parnet 目前只有一家店面，但同
時也有一個需要預約的私人展示間。
假使太忙無法親臨現場選購，也可以
網路下單。

必買單品

✱ 我喜歡金屬鍊系列的手鍊與項
鍊，可以蒐集很多條一起配戴。

32, rue Notre-Dame-de-Lorette, 9ᵉ
01 53 20 98 74
lujparis.com（提供國際運送服務）

Pascale Monvoisin

設計風格

✱ 設計師 Pascale 的作品不僅僅只是飾品，也是辟邪物及護身符，甚至有人相信能改變命運。不過 Pascale 沒有把珠寶看得太神聖，她會混搭黃金與貝殼，隨心所欲設計無固定形狀的項鍊墜飾。

必買單品

✱ L'Amour 愛情系列頸鍊，不過處於常態性缺貨。所有巴黎女人脖子上都有一條。所以妳還是自己找出屬於妳的必買單品吧！

Collier Simone

悄悄話

「妳知道 Pascale 曾經是國際航線的空姐嗎？看過她的珠寶作品，妳馬上就能明白，世界寰宇盡顯於設計之中。」

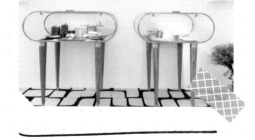

25, rue de l'Annonciation, 16ᵉ
01 45 04 89 91
pascalemonvoisin.com (提供國際運送服務)

Monic

設計風格

✈ 這裡有各形各色、數以千計的珠寶配飾。Monic 是我的珠寶魔法師，我那些不小心弄壞的飾品，都在她的巧手下煥然一新。對於我毫無搭配靈感的一枚綴飾，她也能別具巧思地將之改造成易於搭配的飾品，或是將三枚洗禮紀念金鎖片變成一條高雅無瑕的手鍊。我有個朋友還請她把所有前夫送的首飾變身為精緻手鐲，讓她開心死了……

必買單品

✈ 妳損壞的珠寶在此重生後的飾品。

悄悄話

「不要把她的地址告訴所有人。如果要花好幾個星期，才能等到她融化我的黃金飾品，我會很困擾的。」

14, rue de l'Ancienne-Comédie, 6ᵉ
01 43 25 36 61
5, rue des Francs-Bourgeois, 4ᵉ
01 42 72 39 15
bijouxmonic.fr (提供國際運送服務)

White Bird

悄悄話

「這戒指？是別人送的，我不知道是什麼品牌。只要看到 White Bird 的包裝盒，我就知道它一定是枚美麗的戒指。」

Charlotte
Chesnais
耳環

設計風格

✈ 這裡蒐集了眾多迷人的魅力品牌。無論是極簡風格或是作工繁複精緻的珠寶，均具有極高品味與設計感。尤其還有我喜愛的 Pipa Small 大型戒指。White Bird 剛在左岸開了第三家分店，喔耶！

必買單品

✈ Charlotte Chesnais 的珠寶，純淨無瑕的典範。

62, rue des Saints-Pères, 7ᵉ.
01 43 22 21 53
38, rue du Mont Thabor, 1ᵉʳ.
01 58 62 25 86
whitebirdjewellery.com (提供國際運送服務)

Stone

Sultane
系列手鐲

設計風格

✳ 假設我有個粉絲（有點閒錢的），想送我精美的鑽石手鐲，我會盡量方便行事，指點他去 Stone 隨便選一個就可以了！設計師 Marie Poniatowski 非常擅於運用冷冽的鑽石，每件作品都洋溢著搖滾奔放的風格。

必買單品

✳ 所有鑲著碎鑽的手鐲。以及店裡所有其他的……

28, rue du Mont Thabor, 1ᵉʳ
01 40 26 72 29
60, rue des Saint-Pères, 7ᵉ
01 42 22 24 24
stoneparis.com（提供國際運送服務）

JEM

設計風格

✈ 珠寶的製作方式與過程當然也是讓人激賞的一環。JEM（Jewellery Ethically Minded）是時尚界鼓吹「良知概念」的先鋒之一，並全力投入公平貿易領域多年。Fairminded 這個標誌認證黃金的來源，必須來自具生態責任感的礦山並符合良知消費概念。JEM 擁有的不只是令人欽佩的理念，還有令人極為嚮往的珠寶飾品。

必買單品

✈ Octogone 八邊形戒指，非常適合當結婚戒。

悄悄話

「她的未婚夫送她一枚 JEM 的戒指？看得出來是個非常用心的男人啊！」

10, rue d'Alger, 1er
01 42 33 82 51
jem-paris.com（提供歐洲地區運送服務）

Emmanuelle Zysman

設計風格

✷ 魅力非凡珠寶的典藏級精品。設計師 Emmanuelle 說她的靈感汲取自博物館與藝術書籍，每件作品均散發著吉普賽浪遊氣息，彷彿訴說著動人的故事。Emmanuelle 也能為妳量身打造或是改造妳的珠寶。

必買單品

✷ Honey Fullmoon 鑲鑽黃金婚戒。還有其他以假亂真的鍍金首飾，像極了真正的珠寶。

悄悄話

「所有飾品都是巴黎製造。」

81, rue des Martyrs, 18ᵉ
01 42 52 01 00
33, rue de Grenelle, 7ᵉ
01 42 22 05 07
emmanuellezysman.fr (提供國際運送服務)

Marc Deloche

> ### 悄悄話
> 「Marc Deloche 的作品件件結構精緻完美，看得出來是建築專業出身。」

Voltige 手鐲

Nuage 耳環

設計風格

✳ 純粹而高尚。Marc Deloche 的設計具有非凡的簡單個性，珠寶因而歷久彌新，極富魅力，令人一眼即著迷。它們是如此顯眼，第一次配戴就有一見如故的親密感。

必買單品

✳ 純銀手鍊是最有名的作品。不過 Voltige 黃金手鍊也是值得收藏的經典系列。

220-222, rue de Rivoli, 1er
01 40 41 99 64
marc-deloche.com (提供國際運送服務)

Adelline

悄悄話

「把老公派去那裡吧！就算他沒什麼品味，也不可能買回任何醜陋的東西。」

54, rue Jacob, 6ᵉ
01 47 03 07 18
adelline.com（提供國際運送服務）

設計風格

✳ Adelline 的店鋪本身就是個珠寶盒，飾品個個精緻高雅，都是令人極欲收藏的寶藏。無論是小巧的釘狀耳環、長項鍊，或是鑲著拋光寶石的戒指與手鐲，件件蠱惑人心。帶有些許印度風格（Adelline 的設計靈感來自印度齊浦爾的 Gem Palace）的飾品，散發出迷人的故事性。

必買單品

✳ 太難抉擇了⋯⋯好想跟蒐集糖果一樣，買下全部的寶石戒指。

Marie-Hélène de Taillac

設計風格

✈ 走進這家店，耳邊時常聽到「我沒有佩戴貴重珠寶的習慣！」Marie-Hélène de Taillac 在 1996 年推出的首批典藏系列，完全不像是珍而重之收藏在保險箱、只有去歌劇院才會戴的首飾，而是令人想天天配戴的真正珠寶。這些貴重或次等珠寶飾品風格簡單，卻又驚人的細緻，散發一抹印度風采。這很正常，因為 Marie-Hélène 正是在印度齋浦爾，以彩色寶石精心打造這些令人心情愉悅的珍寶，渾身充滿高貴的波西米亞風格。品牌有什麼超凡地位嗎？Marie-Hélène de Taillac 有三樣作品被巴黎裝飾藝術博物館列為永久典藏品，實屬時尚界最高榮譽！

必買單品

✈ 任何一枚 MHT 鑲有彩色寶石的戒指都令人垂涎。

悄悄話

「買 MHT 的飾品就像吃糖果，一旦開始就無法停止。」

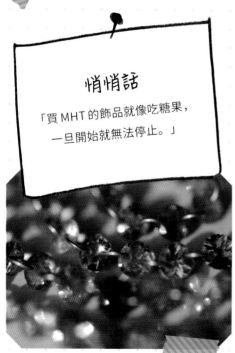

8, rue de Tournon, 6ᵉ
01 44 27 07 07
mariehelenedetaillac.com
（提供歐洲、日本、美國地區運送服務）

數位購物潮

巴黎女人總是能在短短的午休時間，或是上床就寢前，找到快速購物的方法……。一襲迷人睡袍，一只滑鼠在手，她們就能廢寢忘食地在網路上購買衣物。誰教網路商店都是 24 小時開放且全年無休呢？這就是巴黎女人的大確幸啊！

買遍全球

巴黎女人也喜歡扮演國外開發部主管。她們不需要到紐約、洛杉磯、倫敦或是米蘭旅行，就能挖到在巴黎找不到的品牌。好吧，看完這本時尚聖經，妳也能找得到了。以下是我最愛購物網站清單……

nomadicstateofmind.fr

✱ Mountain Momma 系列草編涼鞋，都是以來自公平貿易與生態環保概念的繩索製成。穿起來非常舒適，可與簡單樸素的衣物搭配。不過我得提醒：妳的另一半可能不會喜歡。

jamesperse.com

✱ 這裡有妳想像不到，穿起來最柔軟舒適、剪裁也最棒的 T 恤。顏色既經典又理想（提供三種色調的灰色、海軍藍色、白色、灰白色和黑色...）。布料以斜線縫合，所以非常柔順。價格雖然有點高，卻是物超所值。

pantherella.eu

✱ 穿上喀什米爾羊絨毛襪，是我每天的小確幸。我喜歡買黑色及海軍藍色。這個英國品牌成立於 1937 年，所有商品都在萊斯特（Leicester）的工廠製造。

lauraurbinati.com

✱ 品牌泳裝會讓整體曲線更漂亮有型。可以在米蘭的實體店鋪或是網路商店購買。

thewebster.us

✱ Laure Hériard-Dubreuil 這個美麗的法國女郎，在美國邁阿密設店已經超過十年。之後也不斷在美國各處開設分店，最近成立的據點是在紐約。店裡擺設著她精挑細選的單品，風格相當活潑，也相當難得一見。

聰明網搜建議

妳會跟我一樣，為了找一套海灘裝扮，花好幾個小時在網海中爬文，卻還是不知何去何從嗎？ 我找到一個能節省很多搜尋時間的網站，雖然我也知道會花更多時間流連忘返，那就是 lyst.fr.（全球網站入口 lyst.com）。這是一個時尚界的搜尋引擎，列有一千多家品牌與商店。從此之後妳再也不會抱怨：「我在網路上搜尋了好久，還是沒找到！」

savekhaki.com

✱ 來自紐約的 Save Khaki United 品牌，是軍裝風格的翹楚。品質好到令人瘋狂！全程在美國製作。

mytheresa.com

✱ 總部位於倫敦的 net-a-porter.com 或 matchesfashion.com，我們都很熟了。而位於德國慕尼黑的 Mytheresa.com 也是很有風格的網站，更提供無可比擬的獨家商品。當然不是因為網站有 Roger Vivier 的商品我才這麼說！更何況，下單到貨也是極為快速！

法國萬歲！

我喜歡不是隨處可見的小品牌。有些連鋪貨點都沒有幾個，所以只能拿著滑鼠在官網購物車上滑行。

delphineetvictor.com

✱ 夏天的涼鞋永遠不嫌多（也不會太佔行李箱空間）。Delphine & Victor 的涼鞋，都是在希臘由巧手匠人以環保材質親手縫製，而且都非常漂亮（試試 Appolline 鞋款）。請放心！Rondini（rondini.fr）對我仍然充滿魔力，我全然臣服於其至純至真的魅力。當然也別忘了讓我的朋友們上癮的品牌 K Jacques（kjacques.fr）。

charlottechesnais.fr

✱ 她的珠寶作品完全符合現代人期望的設計。有些是鍍金材質，也有些貴重金屬，但總有令人驚豔的細節，卻又保有令人驚異的純淨高雅。雖然還沒有實體店鋪，倒也不妨在官網上訂購這些絕美飾品。

celinelefebure.com

✱ 渴望簡單、實用，而且一定要漂亮的包包嗎？ Céline Lefébure 的設計作品是不二之選。還永遠不會退流行。

rivedroite-paris.com

✱ Rive Droite 意識到地球上每年有 1,300 萬噸布料被丟棄，但僅有 200 萬噸會被再利用，因而促生了這個品牌。再生棉布、重複使用的單寧碎布，或是紡織品過季庫存，都是 Rive Droite 提包採用的原料來源，真正時髦又環保。

jacquemus.com

✱ 才華洋溢的年輕設計師，不需要我幫他打廣告，他的設計作品已經是許多商店中的常勝軍。他的線上網站無疑為搶不到商品而跺腳的顧客，提供了一線生機。

elietop.com

✱ 我很愛他創意十足的珠寶飾品，就像護身符，帶著些許神祕感。Elie 還沒有線上商店，但是可以跟他預約參觀巴黎的作品展示間（217, rue Saint-Honoré）。

IG 風格

是的！是的！我也會花點時間看 IG。跟妳們一樣，妳們看我的時尚聖經找靈感，我也喜歡瀏覽 IG 看看各地的時尚風格。如果妳想跟緊時尚潮流，不妨追蹤這幾個 IG 帳號：

@street_style_corner

⟶ 以街拍為主的時尚網站。一看就能明白，卡其長褲搭配白 T 恤與休閒西裝外套，是永遠不敗的經典穿搭。

@tommyton

⟶ 一位街頭時尚職業攝影師，總是在時裝秀場外捕捉具個人風格的造型。

@styleandthebeach

⟶ 讓妳完全了解什麼是極簡主義。

@stylesightworldwide

⟶ 秀場外的時尚女孩兒照片，了解街頭實際潮流的第一手資料。

私藏錦囊網站

巴黎女人最愛淘寶的口袋網站。

theoutnet.com

✳ 這是女孩兒最愛的網站，尤其是想擁有名牌洋裝增加經驗值，卻又不想解除定期存款的人。這裡有超過 350 個奢侈品牌，而且折扣高達 75%。當然，這個價錢買不到當季時裝。只是，我們不也常說要買不會過季的衣服嗎？

vestiairecollective.com

✳ 買賣二手衣物已經是巴黎女人的新生活守則。vestiairecollective.com 網站能找到所有我們夢寐以求的品牌，價格也非常具有競爭力。

collectorsquare.com

✳ 跟 Vestiaire Collective 一樣，奢侈品牌都能在這裡找到第二春（在巴黎第七區還有一個實體店：36, boulevard Raspail, 7^e）。主打商品是珠寶、腕錶與精品提包。妳可以用非常優惠的折扣價，為自己添購一只嚮往已久的腕錶。

從頭到腳
都巴黎

理性保養

巴黎女人最愛談美容經，卻不會在浴室耗費大把時間。她不是那種買一大堆面膜和日霜的女人，而是跟隨理智。在此提供大家 12 個美麗建議。

① 巴黎女人會在白天隨身攜帶粉餅補妝。不過偶爾也會忘記這道救急手續。但是說到底，晚上發現自己一臉倦容也不無優點，這有如警鈴和提醒，告訴自己該上床睡覺了。

② 保養最重要的事？卸妝！即使不化妝也要卸妝。絕對不可以帶妝睡覺，這是大、禁、忌！

③ 不在臉上用肥皂，也不要用太多水。最好用化妝水，或是乳液。能夠長年遵守這個建議的女性都是最佳見證人：她們的肌膚較不乾燥。

④ 夜間濃妝豔抹最糟糕。這樣一點也不時髦！晚上出門最好走自然清爽路線，白天再上妝，讓妳的美更輕鬆自在。

⑤ 巴黎女人 20 幾歲時會用放大鏡檢視臉孔，超過 50 歲後就不這麼做了。最好觀察自己是否容光煥發，整個感覺帶點搖滾氣息，這是很重要的……

⑥ 不使用粉紅色唇彩。透明唇蜜永遠是效果更好的選擇。

⑦ 一定有更棒的洗髮精，但妳吹頭髮和飲食的方式才是最重要的配方……糟糕，再也沒有人要找我代言廣告、大力誇讚品牌保養品了！

⑧ 別在保養乳霜上花大錢，牙醫就是最好的美容沙龍。 漂亮微笑和一口美麗牙齒，能讓大家忽視其他細節！

⑨ 別到美容沙龍做臉，對肌膚太粗暴了。 更好的方法是和未婚夫一起散步……到 Tiffany（店裡面風不大，對皮膚非常好）。

⑩ 每天都要化點淡妝，週末也不例外。 不可以因為待在家裡就讓自己醜醜的！

⑪ 某些巴黎女人出門一定會上彩色指甲油。但我認為**透明指甲油最時尚。**

3 tips

⟶ 用面紙按壓口紅。

⟶ 以卸妝水浸溼化妝棉後再卸眼妝。

⟶ 多花一點時間沖洗頭髮。

想一想

渾然天成的美麗和年齡無關，而是學習來的。

我從來不上美容沙龍。我比較喜歡在家冥想十分鐘，至少不會塞車……我們給自己的時間總是不夠多，人們喜歡做 SPA 主要是這個原因。如果在家躺著三十分鐘，什麼都不做，效果也一樣好。有時候要懂得在生活中放慢步調。

⑫ 絕對不要忘記擦護手霜。手和臉一樣重要。我以前從來不擦，但是我愛上了香奈兒護手霜的包裝。我把護手霜當展示品放在床頭櫃，睡前就會記得使用。至少這麼做絕對沒壞處！

美麗的代價

我常看包裝選擇乳液。我喜歡日常使用的物品美觀漂亮，
絕對不會買包裝不美麗的化妝品。我喜歡浴室裡面擺滿
漂亮的盒子、美麗的管狀瓶身。這些不僅有裝飾功能，
還能帶給我好心情。

全部丟掉！
只留下這些：

嬌蘭（Guerlain）Terracotta 修容蜜粉餅

→ 我還找不到比它更能讓我展現好氣色的產品。效果有多好？「我沒有去巴哈馬度假，我去嬌蘭。」

伊莉莎白雅頓（Elisabeth Arden）八小時晚安神奇保濕霜。

→ 秀場後臺流傳的保養聖品。

嬌蘭睫毛膏

→ 少了睫毛膏的我有如一條死魚。容器美的像雕塑品。我在辦公室和家裡各放一支，但只會用來刷上睫毛，若再刷下睫毛會顯得太嚴肅。

不可或缺牙刷

我以為這是非常顯而易見的事，但看到人們一口黃牙每每令我驚訝。牙膏也是美容產品！

露得清（Neutrogena）身體潤膚油

→ 擦上後立刻吸收，毫無油膩感。當然，只留下柔嫩肌膚。當然，產品的效果會說話！

香奈兒（Chanel）唇蜜

→ 比唇膏更清爽。

迪奧（Dior）指甲滋養霜

→ 晚上睡覺前我都會使用，能讓角質層超級保濕，幾乎可以取代專業手部護理！

Serge Lutens 眼影

→ 包裝非常漂亮，眼影質地不可思議地柔滑。

香奈兒（Chanel）粉餅

→ 包包裡必備。臉部的膚色必須均勻。大部分的女人都很需要。沒有粉底，就沒有面子！

想一想

只要略施脂粉就能讓自己更美好！

我的 10 分鐘 例行保養

✱ **為頭髮增加豐盈感**，可趁頭髮還濕的時候抹上超市就能買到的慕斯或蓬蓬水。

✱ **沒擦日霜不出門！** 我在藥局購買日霜，且經常更換品牌。注意，用量不要太大，和朋友親臉頰時可不能黏搭搭的。

✱ **使用粉底液（按壓式瓶裝較實用）。** 我會在包包裡放入粉餅，白天的時候補妝用。

✱ **注意，不要用海綿上粉餅！** 而是要像乳液那般使用手指，效果更自然。

✱ **沒時間遮黑眼圈！**

✱ **睫毛膏只刷在上睫毛。** 可避免一整天下來睫毛膏暈開。

✱ **如果有時間會用黑色眼線筆補滿睫毛⋯⋯根部。**

✱ **用大刷子上修容粉。**

想一想

準備三個化妝包：一個放家裡，一個放包包裡，一個放辦公室。（即使我白天總是忘記化妝！）現在我學會了：除了面紙、Mason Pearson 扁梳和透明唇蜜，外出的時候再也不會多帶其他東西。

✱

定期更換產品：沒必要保留再也不會用的亮桃紅唇彩，如此妳的化妝包就不會有如專業彩妝師般沈重。

✱ **用小刷子上霧面眼影。** 我大多使用咖啡色系，但妳可以隨意選擇喜愛的顏色。唯一肯定的是，顏色越自然，效果也越自然⋯⋯

香水的選擇

✈ **每十年我就會換一次香水。** 我不喜歡時下的香水，總覺得常常太嗆鼻。我偏愛老式配方，例如香奈兒 1924 年的「俄羅斯皮革」（Cuir de Russie），或是嬌蘭 1919 年的「蝴蝶夫人」（Mitsouko），是日常愛用款。我不喜歡氣味太鮮明的香水，像是巧克力、棉花糖或柑橘……但是我喜歡令人聯想到琥珀、檀香、新鮮玫瑰、康乃馨等的混合香調。

✈ **購買香水務必在皮膚上試用，而不是試香紙！**

✈ **香水不應該被視為流行服飾！** 永遠確認香水符合自己的個性。無論如何，巴黎女人總是會避開流行的香水。她們偏愛飄著獨一無二的香氣，穿越整個巴黎！

✈ **切忌使用過量害朋友頭痛。** 香水可以用在接觸點，如頸部和手腕，不過想要引人注意的話，腳踝和膝蓋後側也是很好的選擇。

4 個 美麗祕訣

→ **閃亮秀髮。** 三大匙白醋放入碗中加水稀釋，洗髮後均勻抹在濕髮上，頭髮就會閃閃發亮！

→ **飲用含薑胡蘿蔔汁。**（很好喝，所以喝了會開心，開心就會美麗。）

→ 用紅色牙菌斑顯示劑（購自藥局）清潔牙齦，創造燦爛微笑。

→ **我的豔陽妝容對策：** 白天時做好全防護，使用煥彩亮顏粉餅（Avène），晚上則用校色乳（by Terry Brightening CC Serum），加上睫毛膏（嬌蘭）與透明唇蜜（香奈兒）。我喜歡好氣色的淡妝感，偶爾加上少許煙燻眼妝，展現：「我也很懂印度風的齊浦爾眼影時尚！」

青春永駐

我的終極人生導師是歌王胡立歐·伊格萊西亞斯（Julio Iglesias）。曾經有人問他是否害怕老去，他回答：「我已經老啦……」。我們二十歲的時候，反而比五十歲更害怕皺紋。

━━➤ 我不會花心思注意自己的皺紋，我會離鏡子遠遠的。等到肉毒桿菌的效果讓我滿意的那一天，我會考慮的。不過目前所見，我覺得結果總是很糟糕。而且老去也有優點：我們熟知如何打包一件行李，而不是四件。我們珍惜當下時光，傾聽他人，懂得中庸之道。這些不代表我們就要放棄美麗。以下是我的幾個小祕訣，效果不輸長生不老的仙丹。

想一想

心情輕快，
才能夠青春永駐！

想延長美麗的賞味
期限 妳需要：

- 仔細打點自己。

- 聞起來很好。

- 擁有一口漂亮的牙齒。**定期洗牙（半年一次）。**

- 微笑。

- 心胸寬大。

- 從容瀟灑，忘記年齡。

- 更瀟脫自在。

- 不要太自私。

- 愛上一個男人、一個計畫、一棟房子。效果媲美拉皮。

- 做像自己的事。可以帶來「禪心」。

- 開一個 Instagram 帳號，以便和青春接軌。

- 減少糖的攝取，糖對心血管有害。

- 接受不圓滿的時候，並享受愉快的日子！

也別忘了：

✳ 做足肌膚保濕。

✳ 睫毛膏就足夠了，忘記眼線吧。

✳ 使用比膚色略淺一些的粉底，可以增添溫柔感，並減弱陰影區塊。

✳ 選擇明亮的口紅，唇蜜更佳。

✳ 指甲修短，不要經常更換美甲造型。

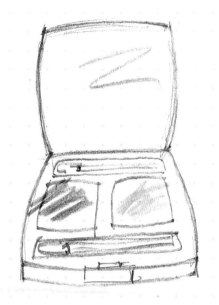

想一想

與其到皮膚科診所注射肉毒桿菌，不如在家睡一個小時或是做愛。

50 歲後的美妝提示

→ 如果上眼妝，膚色就要保持白淨。

→ 絕對不要使用打亮產品，妝感也不可以過厚。

→ 如果眼妝走自然路線，臉上要擦修容品。

萬萬不可……除非妳想瞬間老 10 歲

● 開始用上高遮瑕的厚重粉底，尤其是較深的顏色，有如昭告天下：「我定期去做日曬機喔。」

● 使用過多珠光眼影……會令細紋閃閃發亮。

● 任由眉毛生長茂密，不整理眉型。

● 粉底太厚。

● 在顴骨下方凹陷處刷咖啡色腮紅。

● 用唇筆描出唇形。

● 別再用帶有珠光的暗橘紅色唇膏或是「裸唇」風格的黯淡色系。

……就是這些啦！保證讓妳看起來比實際年齡老得多！

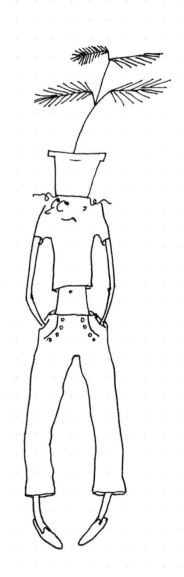

聽話的頭髮

頭髮，是我最執著的地方。巴黎女人看似不在乎頭皮秀髮，不過這只是假象：她可以花費無數小時挑選洗髮精和養護產品。我對於這個問題經過一番深思，現在要告訴大家我的祕訣。

如何讓秀髮生長？

目前我的夢想是加速頭髮生長，因為它們長短不一，飽經電棒、過熱的吹整和造型產品摧殘。我想要簡單好整理的鮑伯頭。看遍所有 YouTube 上的教學影片並且照著做之後，我幾乎可以寫一篇頭髮論文了。以下是我的不敗教條：

✱ **首先要打好底子**：這就像植物生長需要優質土壤。因此，必須使用頭皮去角質產品，去除灰塵、矽靈，以及所有堵塞頭皮的東西。我建議 Christophe Robin 的海鹽舒緩頭皮潔淨霜。這比某些 YouTuber 建議的料理鹽好用多了。

✱ **減少洗髮頻率**，或改用洋棗樹粉（一種生長在天堂的樹，也叫做 SIDR），可以在某些有機商店找到。將洋棗粉放進小碗，加入油做成髮膜，抹滿頭髮後放置半小時。

✱ **聽奶奶的建議用醋沖洗頭髮**。我的無數研究都指向蘋果醋是最佳選擇。醋可以去除鈣，令秀髮閃閃發亮。孩提時代，我的保母就用醋幫我洗頭，效果相當不錯。我看過一些教學，要大家加入大蒜、洋蔥、薑粉，卻沒有指出這些配方是否會讓妳不得不簽下單身協定……

✈ **廚房滿是美容好物**：蜂蜜似乎攻無不克。蜂蜜混合椰子油的配方，可以幫助頭髮每個月多長一公分。

✈ **廚房還能找到芥子油**，能夠刺激血液循環，必然有助頭髮生長。在生髮的神奇配方中，還有蓖麻油。這種油非常濃稠，流動性不高，但是可以與其他油混合。這個配方也適用於睫毛，不過想到要用棉花棒擦在睫毛上，我還是比較偏好睫毛膏。

✈ **不要用吹風機吹頭髮**，而是用超細纖維毛巾。注意：頭髮還濕的時候不要梳。

✈ **做造型的最好方法？** 趁頭髮略微潮濕的時候上髮捲，使用噴霧式定型水／豐盈水（如 Christophe Robin 的 Brume Volume Naturel 玫瑰水），包上頭巾、滑滑 Instagram、處理幾張帳單、在亞馬遜上買些東西……就這樣！拆下髮捲，撥鬆頭髮就完成了。

想一想

無論到海邊還是泳池，都要用油保護秀髮，就像呵護肌膚一樣。

保持長度的祕訣

⟶ 不要剪頭髮。為了避免髮尾分叉，使用角蛋白護髮霜就可以了。

明星級髮梳

⟶ 只用野豬毛製作的梳子。全球頂尖美髮師向我保證：長頭髮一定要每日梳理，才能將皮脂梳在整根髮絲上（沒錯、沒錯，有些時候，油脂也是有好處的。）

剪對髮型

⟶ 這件事總是令人想破頭。目前最適合我的是鮑伯頭（不過我還是得讓頭髮稍微長長一些）。事實上，必須多方嘗試，因為頭髮總會長回來——正常來說是這樣。髮型就像潮流，偶爾換個造型會予人重獲新生的印象。

美容大忌

一如時尚，我們也可能在美容上栽跟斗。這無關潮流，而是臉部的協調感。即使在伸展臺上，女孩們大膽戴著藍色假睫毛，不畫眉毛，或是一臉金屬色腮紅，但我們卻活在真實人生，沒有閃光燈或攝影師，所以還是別自作聰明，即使妳是超級名模……那麼，該避開哪些事，才能不成為美妝受害者呢？

✖ **像戰爭油畫中的一條直線腮紅。** 戰爭已經結束啦！

✖ **珠光、亮光、亮片彩妝。** 沒有伸展臺，不是在雜誌頁上，絕對別想。

✖ **和服裝成套的妝容，** 看起來像是個想太多的女孩，而且不應該想這麼多……最好信賴自己的膚色、眼珠和髮色。

✖ **過多的眼部遮瑕和超厚粉底將令人退避三舍。**

✖ **草率上粉底，沒有塗到髮根處。** 看起來像一張面具，而且很快就會拆穿假面具！

✖ **過細的眉毛。** 然後試圖用眉筆畫出缺少的毛髮……真的不是個好主意！

✖ **眼線太粗會像浣熊。**

✖ **畫得很拙劣的「煙燻妝」則會讓妳變成熊貓。** 如果技巧不夠純熟，還是別畫的好。

✖ **用唇筆框出唇形。** 效果總是不會太好。如果唇筆顏色比唇膏深效果更慘。

✖ **腋下有毛。** 巴黎女人擁有充足的「除毛」預算，一般來說，她們不喜歡毛。

✖ **藍色眼影。** 如果追求自然妝效，方向完全錯誤！

✖ **眼睛上的亮片。** 即使最年輕的肌膚也難以承受！

✖ **睫毛膏刷在下睫毛。** 會使眼神變得嚴肅，還會突顯黑眼圈。

✖ **過多唇蜜。** 嘴唇會顯得黏搭搭，不是很恰當。

✖ **紫色。** 眼影或睫毛膏都不行。

✖ **彩繪指甲**……即使做得再精美，我也覺得看起來很蠢。這就像 50 歲了還用 Hello Kitty 的包包！

美妝好店

私房推薦

Dominique Lionnet 是我的好友，熟知香水與美容產品的一切。她曾長期主導美容雜誌《Votre Beauté》，是真正的內行人，我全心相信她的的建議。她在 Instagram 帳號（dom_beautytalks）上定期推薦好用產品，是想知道美容祕方和值得嘗試美妝品的人不可不知的寶庫！

香水

近期我和調香師合作，為 Ines de la Fressange Paris 打造了兩款香水：Blanc Chic 和 Or Choc。雖然多年來我都使用相同的香水，這場合作仍令我大開眼（鼻）界，發現無數嶄新的香水，幾乎要背叛我的最愛了。

Sous le Parasol

這是一家 1936 年開業至今的老舊小店。本店在布根地，以手工製造店內的淡香水。祖父創立了這間小公司，兒子接手製作，現在則由孫女經營店鋪。瓶身就和淡香水一樣純粹。「沙皇之水」（Lotion des Tsars）很值得回購。

75, boulevard de Sébastopol. 2ᵉ
01 42 36 74 95
sousleparasol.fr

Atelier Cologne

✱ 淡香水上癮者的聖殿。由 Chris-
tophe Cervasel 和 Sylvie Ganter 創
立,與設立在法國格拉斯(Grasse)
最出色的幾個香水品牌合作。Orange
sanguine(血橙)、Grand Néroli(優
雅橙花)或 Vanille insensée(痴狂香
草),全都是贏得美容大獎的香水。蠟
燭香氣產品也令人無法抵抗。

8, rue Saint-Florentin, 1ᵉʳ
01 42 60 00 31
ateliercologne.fr(提供國際運送服務)

Le Labo

✱ 我非常在意容器。Le Labo 的香皂以手工紙包裝。我喜歡它們的香氣（玫瑰、檀香、佛手柑或橙花）。該品牌也以香水著稱，因為全都是在店內客製而成。

6, rue de Bourbon-le-Château, 6ᵉ
01 43 25 93 62
lelabofragrances.com（提供國際運送服務）

Oriza L. Legrand

✱ 我的私心最愛！我疑惑怎麼沒有早點發現這家店，因為品牌 1720 年便已創立！在路易十五的命令下，正式為法國宮廷提供香水，義大利、俄國及英國皇室也能見到其蹤跡。妳就知道這可不是簡單角色！

他們的產品品質精良，在巴黎的唯一店面魅力無法擋，處處迷人又精緻。包裝美得驚人，產品名稱詩情畫意，極具特色的香氛創作細膩出眾。淡香精、淡香水、沐浴鹽、居家香氛、蠟燭，甚至香醋（vinaigre de toilette）一應俱全。進入這家店彷彿參觀博物館，因為店內擺放許多老物（古老香水瓶、插畫、讓人激發靈感的物件……）。此外，店員也非常親切，對產品瞭若指掌。我已經好久沒有對一家店如此傾心了！

18, rue Saint-Augustin, 2ᵉ
01 71 93 02 34
orizaparfums.com（提供國際運送服務）

法國製造
美妝產品

我有許多出色的朋友。例如 Lilou Fogli（她主要是演員和電影編劇）就多方發展，她和母親與姊姊創辦法國製造的美妝香水品牌，帶有陽光的香氣（她住在馬賽），品牌就叫做 Château Berger（chateau-bergercosmetiques.fr）。雖然目前產量還不大，不過她的香水「L'Émotion」值得嘗試。我的許多朋友一試便成主顧呢。

Guerlain

✱ 傳奇品牌！嬌蘭就是法國製造奢華香水的象徵。這裡全都是史上最經典的香氛（Mitsouko、Shalimar、Habit Rouge、Vétiver），還有 La Parisienne 系列，是品牌傳承的復刻版香水。當然別忘了大名鼎鼎的 Terracotta 蜜粉，為所有坐在辦公室裡不見天日的巴黎女人，增添一抹日曬後的氣色！

68, avenue des Champs-Élysées, 8ᵉ
01 45 62 52 57
guerlain.com（提供國際運送服務）

Nose

✳ 這家店被定位為奢華藥妝店。一
踏進店裡就發現這個地方非常典雅，
擺滿各種迷人的香水品牌，在這裡
販售品牌如 Frédéric Malle、Francis
Kurkdjian、Carthusia（十四世紀創
立於卡布里的香水品牌）、Comme
des Garçons、Naomi Goodsir、Pen-
haligon's……不過店裡最特別的就是
概念：填寫問卷後（喜歡哪些香水，或
是喜歡使用的香水），接著店家會提
供一系列當代香水選擇。很實用吧！

20, rue Bachaumont, 2ᵉ
01 40 26 46 03
noseparis.com（提供國際運送服務）

Serge Lutens

✳ 店面美不勝收。Serge Lutens 的
香水全都極富個性。我喜歡在夏天使
用辛香氣十足的 Ambre Sultan。這裡
是選擇禮物的理想場所，因為可以在
美麗的香水瓶身烙印上姓名縮寫。必
試產品：迷你尺寸的可愛唇膏，最適
合放在包包裡。

Jardin du Palais Royal
142, galerie de Valois, 1ᵉʳ
01 49 27 09 09
sergelutens.com（提供國際運送服務）

美髮

我對頭髮非常執著,對我的髮型師或染髮師忠誠度極高,因為我認為頭髮要有型,最重要的就是適合的髮型或顏色。如果染髮師試圖把我染成金髮,我會懷疑他居心不良。

Salon Christophe Robin

✱ Christophe Robin 絕對是巴黎手藝最高超的染髮師之一。他的沙龍熱情親切,令人感到賓至如歸。Christophe 不會讓人人都染一樣的顏色,而是試著找出每個人最適合的髮色。他的目標就是以髮色襯托膚色。我也著迷於他的產品,例如棗樹皮萃取的淨化洗髮精,若是想在兩個髮色間的過渡期來點小變化的話,暫時染髮膠也很棒。

16, rue Bachaumont, 2ᵉ
01 40 20 02 83
christophe-robin.com (提供國際運送服務)

Delphine Courteille

✱ 我的御用髮型師 Delphine 是真正的專家,穿梭在各大攝影棚和伸展臺的後臺,展現她的高超創造力。她的名氣越來越大,也搬到新店址,讓沙龍的空間更大。她擁有業界稱為的「神手」,即使是最細軟的頭髮,在 Delphine 的刀鋒之下也能展現豐盈感。她獲頒國家功勛獎章,我真心認為實至名歸!

28, rue du Mont-Thabor, 1ᵉʳ
01 47 03 35 35
delphinecourteille.com

David Lucas

✳ David 的成功建立在尊重客戶的意願上。這位才華洋溢的髮型師手藝出眾，魅力不亞於明星。他建立一支實力堅強的團隊，即使臨時需要緊急預約也絕對不會失手（想讓大衛親自操刀，必須提早預約）。沙龍中使用他打造的角蛋白產品，髮飾亦出自他手。這位大師在克里雍飯店（hôtel de Crillon）、波爾多、還有位在其家鄉琵拉（Pyla）華美的哈伊扎飯店（hôtel Ha(a)ïtza）也有分店。某些巴黎女人特地到琵拉度假，就是為了能遇見大衛呢！

Institut Leonor Greyl

✳ 專為秀髮打造的 SPA？簡直是美夢成真！抗老、抗落髮、還有染髮護色療程。仔細分析檢視髮質後，專人為妳量身打造專屬保養。經過濃稠的膏狀物搭配按摩後，妳會頂著嶄新的秀髮步出這裡。當然是更美！

20, rue Danielle Casanova, 2ᵉ
01 47 03 92 04
davidlucas.paris（提供歐洲地區運送服務）

15, rue Tronchet, 8ᵉ
01 42 65 32 26
leonorgreyl.com（提供國際運送服務）

Lab024

Laboté

✱ 二十一世紀的美妝風潮，就是量身訂做的植物性保養品。填寫一份問卷後，藥局醫師會為妳專門調製以藥用植物為基底的保養品。即使不住在巴黎，也可以全程線上完成。多棒呀！

美妝品

Buly 1803

✱ 這個老字號品牌被藝術總監 Ramdane Touhami 與妻子 Victoire de Taillac 買下，很快就成為無法忽視的品牌：彷彿即使經過多年沉睡，仍然存在。連店裡的地磚都顯得古色古香。所有的保養品（乳霜、油、香水、香皂……等）或是 Buly 1803 自製的焚香都令愛用者著迷不已。我很喜歡這家店，不過我到這裡主要是購買日本彩妝刷具。想要表示妳很內行，可以說：「調香師 Jean-Vincent Buly 激發出巴爾札克的靈感，寫出名作《人間喜劇》。」

11, rue Madame, Paris 6ᵉ
01 45 48 97 48
labote.com（提供歐洲地區運送服務）

6, rue Bonaparte, 6ᵉ
01 43 29 02 50
buly1803.com（提供國際運送服務）

巴黎女人的家

巴黎女人 居家風格

該如何為家增添風格呢？當然是圍繞一個主題啦！這個主題可以建構在顏色、類型、時代……之上。剪下雜誌裡照片，或是上 Pinterest 逛逛，製作自己的潮流記事本，自然就會浮現布置的靈感。

我很喜歡變換布置。女兒們出生時我住的公寓充滿傳統印記，擺滿古玩，搬家後則改成簡潔俐落的設計師風格。曾經有許多年，我住在有花園的獨棟房屋裡，很有寄宿家庭的氣氛。現在，我的住處帶有藝術家工作室的精神，位在蒙帕納斯，我常幻想藝術家莫迪里安尼（Modigliani）或藤田嗣治也曾經住過這裡。主牆選用淺色系，家具則充滿歲月的痕跡。我會定期更換家飾，也就是所謂的「以布置翻新」。看到家具和自己一起變老，實在令人心情低落！當然，沒有必要全部換新，大興土木。妳只需要幾個小祕訣。

礙眼的全部藏起來

如果妳的印表機灰撲撲的，就收進櫃子吧！

客廳長沙發鋪上織品

→ 兩大優點？可以延緩沙發老化（我有養狗！），而且不花大錢就能輕鬆變化布置（沙發總是所費不貲啊！）。

全部裝箱

→ 小空間的解決之道。巴黎女人不會猶豫堆疊箱子。蒐集一些鍍鋅箱子（Muji）放在層架上，讓這些箱子像柱子疊起來，每一個都附上標籤：蠟燭、鞋油、電池、燈泡、針線……這是迅速找到東西的好方法。

選擇白色

→ 即使我的辦公室牆面大膽選用桃紅色（這點讓空間整個明亮起來，而且讓大家氣色粉嫩！）但是對於面積較小的公寓，我推薦白色。一般來說，如果在兩個顏色之間猶豫不決，最好選擇白色。想讓小公寓帶點工業風，可以選擇不同顏色一決勝負：各種灰色、米色、卡其色，還有少許黑色。無論如何，如果當下真的想要藍色、粉紅色或綠色，彩色牆面會是不錯的體驗。反正最糟不過就是幾個月後換個顏色。我的新家全部都是白色，一切簡單多了！

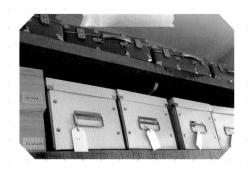

燈具要簡單

→ 與其尋覓過分精雕細琢的燈具，不如選擇單純的照明燈，以便看得更清楚。一盞稍具特色的燈就足以增添風格。

每個房間都擺上香氛蠟燭

→ 氣味和漂亮的家具一樣重要。回到家就點燃蠟燭，即使夜色尚未降臨！

空間要能夠反應個性

→ 我有一點兩極化：我很喜歡禪風，但也喜歡民俗風。布置公寓不必像打造電影布景：我們並不是要重現某個時期的樣貌，不需要注意年代的正確性，而是要和時尚一樣，混搭各種風格，混搭便宜貨和雅緻精品。Ikea的設計師家具或跳蚤市場的家具有何不可呢？在 Ikea 的沙發旁放一盞 1960 年代的燈，還有跳蚤市場挖到被我重新上漆的書架，對我來說完全不成問題。關鍵是：不要成套，過度完整。

陳列水果

籃子裡的柳橙或蘋果太多的時候，可以放入透明花瓶。不僅問題迎刃而解，還有裝飾效果。

空間要有魅力
就不能過度改造

→ 一如時尚,要遵從一個女人的自我風格,居家布置亦然,要遵循住處的風格。古老公寓天花板上的線板可以漆成粉紅色,不失為喜歡古靈精怪風格的解決之道(拆毀線板在巴黎舊城區可是犯罪)!在最新的住處,我選擇以玻璃拉門分隔各房間,打開就可以成為單一大空間。

自製藝術品

→ 為什麼一定要花上百萬元擁有藝術品擺放在家呢?為妳心愛孩子的畫作裱框。任何 10 歲以下孩子的畫都令我感動不已,他們擁有自由的天分,也尚未失去因學習喪失的才華。我給孩子們牛皮紙和彩色筆,他們就會給我傑作,我只消裱框就成了!所有對妳而言重要的紙張,即使只是順手寫在餐巾上的留言,裝進壓克力磁鐵相框(Muji)都會顯得更精緻。雜誌中喜愛的相片也是,剪下來裝框吧。沒有藝術是次等的!

窗簾桿簡單為上

→ 簡單的鑄鐵窗簾桿絕對好過模仿法國國王風格的窗簾桿。如果妳真的想要走極簡風,就不要裝窗簾!

用椅子或單人沙發
展現個人風格

→ 這有點像時尚中的配件。燈具也有同樣的效果。大膽使用椅子展現布置主題,這點永遠效果絕佳。

加一點幽默感

→ 我很喜歡翻玩物件。例如我會在跳蚤市場尋找洋娃娃餐具用在料理中:小小的鍋子剛好可以放進幾球冰淇淋或是醬汁。真正的醬汁盅實在了無新意。

廚房方面

用餐具帶來驚喜

→ 我不是那種為重要場合保留餐具的人。我喜歡琺瑯餐具，日常或紀念日都適合使用。不要害怕色彩。我的餐具是紅色和白色的，收納在客廳的餐具櫃裡展示。

用花瓶收納料理工具

→ 翻玩物品的用途總是非常有趣。就像時尚，大力推薦別出心裁的巧思。

選用粉彩色系家電

→ 我們總是認為金屬色調感覺比較高科技。我反而喜歡賦予家電溫柔的感覺：淡粉色的果汁機，或是杏仁綠的冰箱，可以讓電器顯得柔和。

統一瓶瓶罐罐

→ 由於我的辛香料是開放展示的，我總是選擇相同的品牌，以免整體不美觀，因此所有的瓶身全部都一樣。我家用的是 Eric Bur，但我並非品牌代言人，所以不會告訴妳該選哪一個品牌。

為餐桌增添光芒

⟶ 銀器當然最迷人啦！不過目前我偏好霧面金色的刀叉。不需要到貴死人的家飾店選購，我的刀叉購自平價商店 Monoprix，甚至 H&M 也有類似的產品。

懂得打破常規

⟶ 由於我希望家中全都是白色，自然不會和大家一樣，在我的廚房原木色工作檯上安裝黑色爐臺。在 Google 的幫助下，我終於完成幾乎不可能的任務——找到白色的爐臺！

丟掉紙盒和塑膠袋

⟶ 米、麵、穀片甚至糖果，我總是丟棄原本的包裝，全部裝進玻璃密封罐。這樣看起來順眼許多，尤其是我的櫥櫃沒有櫃門或玻璃門。如此，一切都非常好找，而且一眼就能看出罐子裡還剩下多少東西。

家裡放一本 Dominique Loreau 的著作《理想的簡單生活》（*L'art de la simplicité*），這本讚頌生活禪意的書是我的聖經。還有達賴喇嘛的《生活更快樂——達賴喇嘛的人生智慧》。

浴室裡

妝扮沐浴乳

→ 與其保留按壓式瓶身上寫著刺眼品牌名稱的罐子，不如將沐浴乳裝入樣式統一的瓶罐。面紙也是，裝進和浴室風格相搭的盒子裡。好吧，現在我更進一步，直接購買容器很有設計感的洗髮精和沐浴乳（例如來自瑞典、品質造型絕佳的 Sachajuan 產品，或是 Volu de Davines 的洗髮精）。

依品牌整理香水

→ 如果妳和我一樣，擁有多瓶香水，可依照品牌整理香水，因為其瓶身通常都很相似。

浴用毛巾低調就好

→ 有時候在店裡，我們會著迷於土耳其藍的毛巾，顏色令人聯想到珊瑚礁海岸，不禁想要潛入。但是注意了，一旦買回家，這個顏色未必能搭配浴室的瓷磚（我非常不推薦土耳其藍的瓷磚！）總之，專注在一到兩種顏色上就好。我的浴室中，所有的毛巾都是黑色和白色的，購自 La Redoute 的 AMPM 網站（ampm.fr）。這些顏色不容易看膩，而且若是毛巾舊了，總是能買得到（我可不確定每年都能買到土耳其藍）。

增添些許北歐 *SPA* 風

→ 將沐浴手套或其他放在浴缸邊看來不太有型的瑣碎東西，全部放進小木盆吧。

絕對不要屈服於市售漱口杯

→ 要找到漂亮的漱口杯真是太困難了，所以我用琺瑯杯代替，和我的浴室也非常搭。

明星級水龍頭

→ 我的浴室是全白的，因此選擇霧面黑色水龍頭增加層次感。此外，它從來不顯髒，因此不需要隨時擦去水漬，打理得亮晶晶。

Flower power

別以為世上沒有難看的花！但只要做到以下幾點就沒問題了：

🍃 選擇單枝長莖的彩色花朵，例如牡丹，單獨放入試管型花瓶，然後以同樣方式多放幾朵。選擇白色花束絕對不會出錯。

🍃 別猶豫，將盆栽放入家中吧。選擇黑色或鍍鋅花盆更佳。

避免：

🍃 所有混合各色花朵的花束。一如時尚，三個顏色就是上限。

🍃 絕對禁止的花種：菊花（墓園之花）。

🍃 過長的花朵。家中絕對不會有適合長莖花朵的花瓶。

動手改造：

如果花束真的很醜，可以將之分成幾束。

14 個祕訣 讓居家空間超有型

① 餐桌上展示各種陶藝品，是巴黎女人的新嗜好，她們會交換陶藝好店，就像我們會交流出色服裝店的訊息。

② 賦予酒吧常見杯具新用途，例如「莫斯科騾子」專用的銅杯。我買了好幾個，主要在巴黎 11 區的瑟丹路（Rue Sedaine）46 號或是從 la-maison-du-barman.fr 網站購入，我把它們放在櫥櫃裡，能為我的客廳增添亮點。

③ 牆面刷石灰漆絕對錯不了。

④ 坦然面對自己神經質的一面：我酷愛收藏，與其收起藏好，我會將它們展示出來。例如在書櫃旁邊放幾個柳編小籃子。

⑤ 務必讓某個地方保留空白，或是維持單一元素。例如一座雕塑品。尤其是如果妳很愛蒐集一大堆小擺飾。

⑥ 書架旁邊放一座二手木製梯凳，表現出：「我花很多時間找書，因為閱讀就是我的主要休閒活動」的氛圍。

⑦ 把畫作放在迷你畫架而不要掛在牆上。如此立刻就浮現藝術家工作室的感覺。我是巴黎畫家尚－巴提斯·塞雪瑞（Jean-Baptiste Sécheret）作品的愛好者。

⑧ 集中單一顏色小擺飾，放在特定地方，使其顯得有意義。

⑨ 選擇寬敞舒適的大沙發。居家雜誌裡超有型的沙發有時確實非常吸引人，但是想要躺在沙發裡的時候卻不太舒適。

⑩ 或許大家從來沒想過，不過電燈開關可以改變牆面的造型。我家選用的開關多為老式風格。

11 　**我用白蠟照顧木製老家具**，可以在五金行購得，賦予真正的歷史光澤。

12 　**不必謹守物品的功能。**有只從來不用的馬克杯嗎？裝點土，種點小植物吧。

13 　**點亮串燈。**即使過了聖誕節也無所謂，這種燈光能讓室內顯得很漂亮。

14 　**若有空間不妨在餐桌上布置迷你展覽**，混搭藝術品和孩子們親手做的母親節禮物。這樣能增添孩子的自信心。

整理的熱情

井井有條的吊衣架能令人以嶄新方式看待人生。在狹小的巴黎公寓裡，規劃更衣間並非易事。我當然不會告訴妳，因為空間不足就得全部丟掉，總是有辦法的——按照近藤麻里惠的話做就對了。這位日本女性發明了整理顧問的工作（我的清潔女工早該想到這個頭銜，如此就能向我要求加薪……），她的著作《怦然心動的人生整理魔法》（第一版）已經在全世界賣出250萬本。她的建議大大啟發了我。我還沒有到和自己的襪子對話、看看是否能激發火花的地步，不過她的某些概念確實幫助我專注在本質上。以下是我的整理方法。

想一想

「整理住處並非必要，而是義務！如此能讓心靈清明，生活更好。」

「巴黎已經非常擁擠。在家裡更要努力別被物品塞滿了。」

為鞋子拍照

✳ 務必用拍立得為鞋子拍照，然後貼在鞋盒外，鞋子則細心收納在盒中。像在店裡一樣，疊起鞋盒。還有比較不那麼「明星鞋櫃」的版本：用數位相機為鞋子拍照，列印照片，然後貼在鞋盒子正面（如此一個盒子或許可以放好幾雙鞋）。

大量購入同類型衣架

✳ 例如 Ikea 的黑色塑膠衣架，一點也不佔空間，還可以掛很多衣物。款式統一，一目瞭然。

丟棄多餘的物品

✳ 這並非易事，我很幸運搬過許多次家，金科玉律就是不要囤積。必須懂得什麼都不留。這麼做不花一毛錢，而且比住在堆滿無用東西、滿是灰塵的公寓裡時尚多了！此外，我向妳保證：和那些到頭來並不是這麼重要的東西分手，感覺真的非常棒。最困難的在於留下少許帶有溫度的雜物，以平衡室內的過度簡潔感。舊舊的布偶裝進壓克力箱，放在客廳中央應該就能達到此效果。

小空間的黃金法則

✳ 為了能夠住人，小空間的唯一出路就是收納。務必找出所有可收納處，並且利用閒置空間（閣樓牆下的櫥櫃、床底下、樓梯下……等等）。讓收納擁有雙重功能就是我們要達到的目標：例如，我成功將狗食塞進一個可以坐的箱子。在女兒的房間裡，我架高了床，讓寬大的階梯搖身變成大抽屜。

規劃飾品和配件

✳ 我將飾品像店裡那樣展示出來，這讓我更想配戴它們。我有一個項鍊架掛項鍊，幾個（購自 AMPM）玻璃珠寶盒放戒指、耳環和手環。墜子則和許多緞帶放在一個小籃子裡，如此就能視心情變化項鍊。至於收納包包最好的方式——如果妳真的有空間這——就是像在店裡一樣陳列在衣櫃裡，不然我會在牆上掛一個毛巾架（或餐巾紙架），掛上我的包包。如此一目瞭然（老實說，我有好幾個包包架……），早上選擇的時候輕鬆又便利。而且別以為只有時尚款，我也會掛上棉質購物袋，裝文件非常實用。

懂得「編輯」衣櫃

✳ 這個字彙比「丟掉」顯得更專業——也更優雅。不過意思是完全一樣的：所有狀態不佳的物品、長期不穿的衣物，都要丟掉。看著衣服的時候，如果沒有想要穿它的渴望，那麼也要丟掉。猶豫不決時，可以想想是否有朋友會喜歡這件衣服的風格，問自己：「她會穿嗎？」如果答案是「不會」，那就送給舊衣回收機構，讓衣服展開新生吧。

按照類別擺放衣服

✳ 長褲和長褲放在一起，T恤放在一起，毛衣另外放……以此類推。衣服要分季節。如果妳想要做得更好，那就按照色彩分類衣服吧！如此，打開衣櫃的時候更美觀。

全部放在第一排

✳ 這點並不容易執行，但是看不見的衣服，就不會穿！規劃妳的首飾和配件。像在店裡一樣放進小小的玻璃珠寶盒，如此會讓飾品更吸引人，而且一目瞭然，非常容易選擇。

近藤麻里惠的重要教誨：
直立整理更衣室

✈ 這是我的更衣室最具革命性的改變。以前我很喜歡毛衣堆成一疊，有如置身店裡。但是當一疊衣服不只有兩件 T 恤的時候，確實不太方便……近藤麻里惠主張垂直收納。衣服細心分類後，她建議先以特定方式折衣服（必須把衣服放平，然後兩側向中央折）。接著，將衣服垂直放進抽屜裡，如果抽屜不夠用，也可以放入箱子。如此一來，一眼就能看到所有衣服，經過一個禮拜衣櫥也不會變得亂七八糟。我已經實行很多年，這點真的改變了我的人生！

來自中國的好點子

在近藤麻里惠之前，我很相信風水這門古老的藝術，目的是讓室內和諧。我遵守三個規則：

→ 臥室裡不要放辦公桌，因為工作區和休息區必須分開。

→ 所有破損或故障的東西都要立刻修理。否則能量就無法流暢循環。

→ 家中放柳橙和檸檬可以帶來好運。

巴黎女人愛地球

覺醒永遠不嫌晚！十年前，巴黎女人還沒完全理解人類對地球造成的傷害。今日是即刻反應的時候了。和我合作的品牌並非全都致力於環境的永續發展，顯然我並不是──還不是──環保大使。不過我正在為此努力，而且我試圖讓合作的品牌關注環保議題。以下是我們必須表現出負責任的四大態度。

La Vallée
Village

實行慢時尚

✈ 我總是不厭其煩地說，要買得少而且買得好。我寧願花多一點錢購買品質精良的設計，而不是花較少的錢，買一件洗三次就變爛布的衣物。那麼，還有哪些「綠時尚」的解決之道呢？

➔ 捐給舊衣回收機構或轉賣衣物

每當我搬家或是整理衣櫃時，我總是會把所有不想要的衣物捐給舊衣回收機構，包括法國慈善組織Emmaüs。我認為這麼做很正常。不過對於需要變現救濟荷包的人，可以選擇Vinted，這是法國非常實用的拍賣網站，最適合轉賣十年前為了參加婚禮、然後再也沒穿過的洋裝，或是擺脫失心瘋買下、有超大logo的運動衫。當然也可以在這個網站上購買其他人出售的衣物。如果想要更時髦，甚至精品級的二手衣物，那就上Vestiaire Collective網站，概念和Vinted相同，只不過篩選標準更嚴格。

➔ 租用晚宴洋裝

想花最少的錢只穿一晚Alaïa洋裝……有了1robepour1soir.com網站，這並非不可能。

➔ 好價買入過季衣物

我們都知道巴黎女人不追隨潮流，因此即使衣服是前幾季的也無妨。這就是 Vallée Village（3, cours de la Garonne, 77700 Serris；lavalleevillage.com）的概念。這座暢貨中心位於巴黎市郊，不過可以搭乘接駁車或快線RER前往，交通超級便利，非常值得一逛！不僅有一線精品品牌（Gucci、Valentino、Prada、Tod's、Céline、Jimmy Choo），也有Isabel Marant、Levi's、Fusalp、Zadig & Voltaire，全都是超便宜的破盤價。不僅如此，還有美食街可以休息，Ladurée、La Maison du Chocolat、Pierre Hermé或Amorino等知名餐廳，應有盡有。在這裡購物不僅可以省下大筆金錢，還能拯救要被報廢銷毀的商品。

愛上雜貨店和在地小農

✈ 我購物的時候，總是盡可能到雜貨店或是有在地小農的菜市場。如果分身乏術，在法國，只消點點滑鼠上 epicery.com，集結眾多雜貨店，包括也有外送餐點的 Papa Sapiens（papasapiens.fr）。同類商店我也喜歡 La Laiterie de Paris（lalaiteriedeparis.blogspot.com），這家店收購法蘭西島的乳品，並且在巴黎製作乳酪。

發掘健康餐廳

✈ 沒錯，我在下一章會推薦大家前往有機當道的時髦餐廳用餐，不過我也越來越常光顧提供樸實料理的餐廳，通常是素食。我推薦以下三家餐廳：

→ **Vida**（49, rue de l'Échiquier, 10ᵉ；01 48 00 08 28；restaurant-vida.com）：由最法國的哥倫比亞主廚 Juan Arbelaez 發想，和記者女友 Laury Thilleman 共同經營。所有食材都是當季、絕對新鮮，布置也非常溫馨舒適。

→ **Simple**（86, rue du Cherche-Midi, 6ᵉ；01 45 44 79 88）：在六區逛街購物一整個早上後，到這裡吃午餐再完美不過（這裡距離 Bon Marché 百貨很近）。一如店名，這裡的食物非常「簡單」，但是絕對健康。

→ **Clover Green**（5, rue Perronet, 7ᵉ；01 75 50 00 05；clover-paris.com）：Élodie 和 Jean-François Piège 夫婦倆的終極素食餐廳，Piège 寫下《零脂》（*Zéro gras*）一書，擁有把蘆筍濃湯料理到令人一喝上癮的天賦。

網路上的天然產品

我有兩個私心愛戴的「永續發展」網站：leanatureboutique.com（從麵條到有機牙膏都可網購），以及 lapetitefrancaisebio.com——我在這個網站購買去膜杏仁。去膜杏仁似乎富含鎂、抗氧化物質以及維他命。健康才是真正的奢侈品！

只喝自製蔬果汁

✈ 我在 Netflix 上看了一部紀錄片後做了這個決定：紀錄片中有一個又胖又病、瀕臨死亡的男子，他決定只喝蔬果汁 60 天，大力讚揚蔬果汁對他的體重和皮膚問題的療效。我完全不想減重，不過蔬果汁飲食法似乎也對他的心靈狀態產生影響，而且結果都是有益的。因此，我馬上訂了一臺果汁機（品牌是 Omega，可以在 natu-ra-sense.com 上購得），然後很快就了解到這和單純的果汁機完全不一樣。Omega 的果汁機可以完整保留所有營養，榨出富含維他命、健康又充滿能量的果汁。

我的交通方式

在今日的巴黎，開車的人反而會想：「為什麼我每天要在車上浪費一個小時？」這城市的車流量極大，若有開車的念頭一定是瘋了。因此我走路。我很幸運，居住在全世界最美麗的城市之一。我的 iPhone 甚至配備計步器應用程式。走路就是最好的運動，對想像力很有益處，還能順便欣賞美麗的櫥窗呢！

到巴黎女人家吃晚餐

大家都以為我會準備非常精緻的晚餐，邀請巴黎最時髦的人到家裡吃飯。不過這完全不是我的風格。此外，如果我在家請客，主要是為了見見朋友，而不是整個晚上蹲在廚房做菜！巴黎女人決定在家宴客的時候會怎麼做呢？以下是我的執行計畫回顧。

2 小時前

→ 工作一整天後奔跑回家。通常我完全不為主菜費心，時間剛好只夠我買一隻雞，這就是晚餐的主菜了。客廳裡堆滿報紙和「大孩子」的雜物。

1 小時 30 分前

→ 我把雞放進大鍋，然後廚房裡有什麼放什麼：去皮番茄、洋蔥、各式各樣的辛香料（咖哩、芫荽、百里香……），再以小火烹煮。烹煮雞的時間正好可以整理家裡。接著我還可以洗個澡。

1 小時前

→ 以前我會叫孩子們負責餐桌布置，他們總是充滿創意。現在他們大了，所以我全部自己來。餐桌擺滿蠟燭，放上彩色餐巾（深藍色總是能給人好印象），拿出琺瑯餐盤（妳們應該發現我真的很愛琺瑯）和金色餐具。試著抓兩、三朵花，或是隨意拼成的花束，然後放入迷你花瓶，分散擺在餐桌上。

30 分鐘前

→ 我以前總認為，必須準備各式各樣的餐前酒。但是到頭來，有紅酒和白酒就夠了，人人都會心滿意足。而且妳可以整晚保持清醒。至於不喝酒的人，準備水和果汁就可以了！還有薑汁汽水……我沒有辦法解釋為什麼，但是巴黎女人很迷薑汁汽水。她們偶爾也有難解的神祕喜好……

開場

⟶ 客人抵達後，我會端出插在玻璃杯中的芝麻棒，帶有裝飾效果。些許蝴蝶餅，還有小番茄和迷你蔬菜（一樣放在玻璃杯中）。重點是要讓客人在上桌前餓肚子。我發現客人等待正式用餐的時間越久，就會覺得正餐越美味。

近來讓我最開心的晚餐之一，是邀請我的主人問：「妳的披薩想要放什麼料？」他先詢問每一位客人，然後向他家隔壁的義大利餐廳訂餐。他完全明白：大家都吃到滿意的披薩，他也可以毫不費力地和我們度過一整夜。在烤箱前待上整晚上一點也不現代。如果真的想要來三星大廚那一套，就必須事前做好萬全準備！

1 小時 30 分鐘後

⟶ 是時候煮上印度香米，讓晚餐更添精緻感。這個時候客人們應該已經開始不耐煩，喊著肚子餓了。

3 小時後

⟶ 甜點一定要有驚喜，而且帶點趣味。我喜歡用小鋁鍋端上巧克力慕斯，就像扮家家酒。或者，端出美味的冰淇淋──當然是用買的──我會把冰淇淋挖成球狀，裝進餅乾甜筒，讓一切更討人喜歡！最後，一如時尚和居家布置：less is more──少即是多，不要太費力，才能確保氣氛輕鬆自在。我敢打賭，那些被傳統生活美學教條禁錮的女性大軍很快就會倒戈，轉而接受這種請客方式……比起矯揉造作的晚餐愉快多了！

2 小時後

⟶ 客人餓到直撲餐盤，愛死這道「怎麼煮的？」雞料理。隨著歲月過去，我理解了一件事：人們到妳家並不是來吃飯。他們是來看妳，而不是來享用一頓高級大餐，畢竟外頭手藝高超的大廚多的是！我們當然也不用在客人面前展現藍帶學院般的廚藝。

巴黎 app

當我人在巴黎，晚餐時間沒辦法自己動手做時，想吃東西時第一個反應就是拿起手機訂餐。Deliveroo 是能夠讓我從準備晚餐中「放手解脫」的應用程式。通常我會向 Wild & The Moon 下訂，這是我所知道最健康的餐廳之一。我最愛的飲料是 Black Gold，含有杏仁、木炭、椰棗、香草以及海鹽。對，聽起來很怪異，但是我保證真的非常好喝。

法式飲食

人們常常問我如何控制飲食。大家都想看透巴黎女人的祕密，了解她們如何維持身材（歐洲 38 號）。我可以告訴妳，就我個人而言，我從來不控制飲食。不過這輩子的飲食生活中，有一件事情我非常注意：只要感覺不餓就不再繼續。聽起來很簡單，但好像並非人人都能辦到……

家飾好店

The Socialite Family

✱ 創辦人和藝術總監 Constance Gennari 認為自己受到新生代父母的影響。她設計家具時心中也想著他們，風格經典雋永但又極富當代感。而且販售也反映了現代人的要求：The Socialite Family 選擇自營販售，使售價合理。

12, rue Saint-Fiacre, 2ᵉ
01 82 28 06 87
thesocialitefamily.com (提供國際運送服務)

Maison de Vacances

一踏進這間店，我立刻希望每天住的地方也能像這裡一樣。兩位店主過去分別是造型師和藝術總監，兩人充滿魅力，一部分商品為自製，一部分則來自採購，還有一些是獨一無二的復古家具。我愛極了染色細膩的亞麻床單、凸紋織的餐巾、木製品、陶器、立燈和吊燈。這家店時髦又充滿波希米亞風情，「打扮妳的家，就像妳愛打扮自己」正是他們的標語。

4, rue de Cléry, 2ᵉ
01 42 86 94 69
maisondevacances.com（提供國際運送服務）

Borgo delle Tovaglie

✈ 這家佔地 700 平方公尺的概念店裝飾高雅，介於工業風和義大利的甜蜜人生氛圍。柳編籃子、家用織品、老式餐盤，我全部都好想要。為了讓自己的購物衝動冷靜下來，我到店內的餐酒館品嘗一份自製義大利麵。這裡還可以包場辦派對，絕對令人想在這家店裡待上一輩子。

4, rue du Grand-Prieuré, 11ᵉ
09 82 33 64 81
（提供國際運送服務）

AM/PM

✈ 之前我們沒辦法「親眼」看到，這個巴黎女人情有獨鍾的家飾品購物型錄上的商品。現在品牌在巴黎有幾間展示中心，部分商品可以現場購買（其他的就和過去一樣必須訂購）。我經常在品牌網站上購入亞麻床單，但是能夠親自到店內確認實品的顏色仍相當令人開心。窗簾也是，能夠現場看到實品比較安心，亞麻窗簾是我的最愛，不過偶爾我會直接用黑色夾子掛起素樸的床單充當窗簾。至於餐具，我很喜歡變化，可以讓晚餐大變身。AMPM 有黑色或金色的餐具，妳也可以混搭不同顏色，讓餐桌布置效果更強烈。我的展示盒也是在這裡購得的，從廚房到更衣室，到處都會擺放。

62, rue de Bonaparte, 6ᵉ
ampm.fr（提供國際運送服務）

Astier de Villatte

✈ 這是我最愛的餐具店。一切高雅又簡潔。我喜歡在家中擺放小型瓷器，像陳列藝術品那樣。Astier de Villatte 也販售焚香、香氛蠟燭（我對一款叫做 Grand Chalet 的蠟燭毫無抵抗力，那是瑞士一個很令我迷戀的地方），而其他設計不只時髦，還充滿玩心，像是蓋子上有史努比的大湯碗，是讓孩子乖乖喝湯的大功臣。

16, rue de Tournon, 6ᵉ. 01 42 03 43 90
astierdevillatte.com（提供歐洲地區運送服務）

Les Fleurs

✳ 這家店販賣的東西和店名不太一樣，並沒有鮮花，而是裝飾品、小皮件、飾品、絲巾還有文具。很多人喜歡用風格區別店家，這裡沒有一絲布波風，反而是滿滿的二手家具帶來充滿魅力的古物店風格，來到這裡很難空手而歸。

6, passage Josset, 11ᵉ
5, rue Trousseau, 11ᵉ
boutiquelesfleurs.com (提供國際運送服務)

Mint & Lilies

✳ 這裡所有的東西都好迷人，清新又詩意，價格又合理。太適合我們了，不是嗎？這間家飾店極富魅力，在這裡可以找到許多材質溫潤的物品。我在這裡買到星形玻璃杯、金色蓋子的玻璃罐，還有雅緻的刷具。也別漏掉迷人的印度飾品喔。

27-29, rue Daguerre, 14ᵉ
01 43 35 30 25
mintandlilies.com (提供國際運送服務)

Rivières

✳ 這家店是我上次搬家時發現的。這裡的一切就像旅行帶回來的物品，風格是時髦民俗風，以黑白色系為主。地毯、木製湯匙、餐巾、金屬餐盤、籃子（特別要提一下他們的黑色琺瑯咖啡壺），全部都是我的最愛。充滿冒險精神的旅人開了這家店，從印度到撒拉哈，從世界各個角落帶回商品。不過注意了，這家店只在週六營業。

15, rue Saint-Yves, 14ᵉ
Ouvert le samedi au public, du 11 h à 19 h.
rivieres-rivieres.com（提供國際運送服務）

Marché aux Puces de Saint-Ouen

✳ 大家總是喜歡往保羅‧貝爾區（Paul Bert）走，不過我喜歡變化一下，往維內松（Vernaison）區逛逛。Tombées du Camion（99, rue des Rosiers, 93400 Saint-Ouen；tombeesducamion.com）就在此區。這裡有數不清的討喜小古物，而且狀態全新，陳列方式精彩無比，店主的布置和展示極具巧思。這裡有哨子也有蛋杯，有老藥箱、小黑板、信紙、餐盤、小玻璃瓶，也有喚起童年回憶的小玩具或舊包裝。我覺得最有意思的是什麼呢？包裝精美的化妝品或藥品盒。絕對不可以讓我在這家店逛太久，否則我會買光所有東西。我的購物袋裡有：鹽罐、烤盤、扮家家酒的迷你烤盤、波特酒杯、可以放在餐桌上為每位客人插一朵花的迷你玻璃罐、捲尺……這裡彷彿阿里巴巴的寶窟，堆滿被遺忘的復古小工具，卻突然間令人覺得非擁有不可。

Merci

創立高級童裝品牌 Bonpoint 的 Marie-France Cohen 非常有遠見，十年前就已經預見最適合二十一世紀的，就是創立一間貫徹同一精神的店，因此誕生了 Merci 百貨，有一部分的收益用於救助馬達加斯加斯西南部的教育和發展計畫。雖然今日已不再由她經營，不過 1500 平方公尺的空間中，精品（部分家具）和較平凡的商品（如居家織品或是廚房工具，實用又有設計感）並列。有服裝、首飾，也有各種顏色的色鉛筆和復古筆記本，都是為 Merci 獨家設計。Merci 讓人感覺應有盡有，大部分品牌皆經過精心挑選，每樣多少都有其道德主張。這種令人愛不釋手的混搭風格，讓人對它說 Merci ！（謝謝）

111, boulevard Beaumarchais, 3ᵉ
01 42 77 00 33
merci-merci.com（提供國際運送服務）

Bookbinders Design

✳ 在這裡，黑色相簿上可以燙上銀色的名字或年分，時髦極了。品牌也隨著時代環保化，筆記本全部採用再生紙。

130, rue du Bac, 7ᵉ
01 42 22 73 66
bookbindersdesign.com（提供國際運送服務）

World Style

✳ 對啦，暖氣從來不是主流商品。但是這裡的暖氣卻讓巴黎女人為之瘋狂，因為非常有型。這是必訪之店，因為有設計感的暖氣可不是隨便就能找到！

---

25 rue de Cléry
01 40 26 92 72
worldstyle.com（提供國際運送服務）

Vincent Darré

✳ Vincent Darré 是我最要好的朋友之一，投入藝術家具之前曾在時尚界工作。他的創造力十足，家飾和家具作品混合了一絲不苟和天馬行空。例如「蜻蜓」（Libellule）燈具和「半人馬」（Centaure）桌，趣味十足令人難以抗拒。

13, rue Royale, 8ᵉ
Appartement ouvert sur rendez-vous
01 40 07 95 62
maisondarre.com

Caravane

除了無可匹敵的沙發設計，Caravane 還有一大堆其他家具和家飾，絕對讓妳迷上這種當代異國巴黎風格。一切混搭都精緻優雅極了。大家可以到店裡逛逛，激發靈感，回家之後依樣畫葫蘆。鋪在沙發上的美麗布料是我不會錯過的商品。Caravane 的暢銷品是什麼？當然是布套可拆洗的 Thala 沙發。只要坐上去就會想待在上面一輩子。這裡充滿異國情調，帶有大城市的都會感，而且非常巴黎⋯⋯即便今日 Caravane 在法國許多城市如倫敦與哥本哈根都有分店。

9 et 16, rue Jacob, 6ᵉ
19 et 22, rue Saint-Nicolas, 12ᵉ
caravane.fr（提供國際運送服務）

Eric Philippe

✱ 這家店位在巴黎最美麗的拱廊街之一，是二十世紀家具的高手，專精1920-1980 年代的北歐設計品。這裡也能見到 1950 年代的美國設計師家具。純粹又美麗，正是我的最愛。

25, galerie Véro-Dodat, 1er
01 42 33 28 26
ericphilippe.com

Galerie du Passage

✱ Éric Philippe 的展示店對面就是 Pierre Passebon 的藝廊，以二十世紀到現代的精彩家具與設計作品選藏享譽全球。藝廊中總是有精彩展出，值得一訪。來到這家溫暖熱情的藝廊，很難不愛上某件物品，帶著它回家。

20-26, galerie Véro-Dodat, 1er
01 42 36 01 13
galeriedupassage.com

Gypel

✱ 這家裱框店能讓任何物件、相片或畫作大大增色。他們總是有絕妙點子，實現妳的想法。居家裝飾的必訪之店。

9, rue Jean-Jacques Rousseau, 1er
01 42 36 15 79

網路家飾店

selency.fr

✱ 這是我最愛的網站,可以在上面逛好幾個小時。所有商品皆精心分類,可以挖到一大堆好物。這個網站有一點像家具版的 Vestiaire Collective,可以購入也可以販售家具。有些人上去逛逛只為了激發靈感。但是我很實在無法理解他們怎麼能夠抗拒誘惑,不點滑鼠買下眼前的美麗家具。一定不能錯過的主題網頁?當然是 Top 200 des pièces à négocier(Top 200 拍賣精選)。

dexam.co.uk

✱ 這間英國公司創立於 1957 年,專精廚具。網站上也有琺瑯餐盤——Dexam Vintage——我可以理直氣壯地說我有收藏!

onrangetout.com

✱ 整理收納?正是我的最愛。這個網站是我在這方面的參考資料庫,商品齊全,而且全都依照空間分類(客廳、浴室、酒窖……等)。如果妳正在尋找收納更衣室的點子,務必造訪這個網站,絕對可以找到收納煩惱的解決之道。

decoclico.fr

✳ 這是超級齊全的家飾網站，我特別喜歡「廚房」專區，可以找到許多整理收納的訣竅。

avidaportuguesa.com

✳ 這是一個葡萄牙品牌的網站，在里斯本有四家店面。可以為家中引進些許陽光。

lovecreativepeople.com

✳ 這個家飾網站上的所有品牌來自世界各地，不可不認識。無論水瓶還是廚具，這裡的日常用品彷彿多了一絲靈魂，可不常見呢。

cosydar-deco.com

✳ 這裡只有自然粗獷的材質。例如鑄鐵和月桂木的掛衣架，放在房間裡宛如藝術品。

madeindesign.com

✳ 設計網站中的第一名。只要我到這個網站，就會立刻點進 Bons plans（特價）專區，總是可以撿到便宜好貨。雜誌專區則提供許多點子。巴黎女人的最愛？那就是訂購 Fermob 的盧森堡椅，為她的居家布置增添些許盧森堡公園的氣息。

madeleine-gustave.com

✳ 這家店過去位在聖馬丁運河附近，但現在仍在巴黎市尋找固定店面。這段期間，我們可以到網站逛逛，一切都讓我想要的不得了。以前在店裡我大買特買：銅製托盤、浴室用的肥皂盤、金屬毛巾架、瓷製大湯勺和湯匙、木盤、琺瑯製品（我絕對不會放過琺瑯）。這家店的女主人一定是獅子座，上升星座則在雙子，因為她選的商品全部都迷死我了。

花的力量

花店很多，但絕少真正富有創造力、讓人收到花束時驚嘆連連的花藝家。這裡是我的五大精選。

Arôm Paris

✳ 花束超級有創意。這家花店經常為充滿時尚氣息的晚宴執行布置工作。

73, avenue Ledru-Rollin, 12ᵉ
01 43 46 82 59
aromparis.fr

Thalie

✳ 花朵就像料理，優質材料和手藝高超的主廚缺一不可。Pascale Leray 的花店 Thalie 正是如此，她使用的花材品質絕佳，其中有些並非隨處可見（例如櫻花枝），她也為想要學習製作花束的人舉辦工作坊。

223, rue Saint-Jacques, 5ᵉ
01 43 54 41 00

花店

Lachaume

✳ 這家花店創立於 1845 年，精緻高超的大師手藝反映出高級訂製服的靈魂。店家自製的紫羅蘭香調蠟燭討我喜歡（我女兒 Violette 的名字就是「紫羅蘭」的意思）。如果想要比花束更耀眼的東西，還可以訂購 250 枝金色麥穗束。

103, rue du Faubourg Saint-Honoré, 8ᵉ
01 42 60 59 74
lachaume-fleurs.com（提供國際運送服務）

Éric Chauvin

✳ 法國花藝明星，這位花藝家絕對可以為其打造的浪漫花束自豪。他的白色花束組合無比纖細雅緻。

22, rue Jean-Nicot, 7ᵉ
01 45 50 43 54
ericchauvin.fr

Moulié

✳ 傳承自 1870 年的純正傳統法國花藝。Moulié 最為人津津樂道的，當屬為政府集會、大使館和訂製服設計師提供花束。當然價格並不低，但成品總是美得令人驚嘆。

8, place du Palais-Bourbon, 7ᵉ
01 45 51 78 43
mouliefleurs.com

「So french」
巴黎女人好禮建議

該送什麼禮物，才能表現出我們真的很法國呢？

受邀非常法式的晚餐：
TRUDON 或 DIPTYQUE
的蠟燭

✻ 受到晚餐邀請時，蠟燭是很便利的禮物，因為方便攜帶到辦公室，然後直接赴約吃晚餐（鮮花就棘手多了）。巴黎女人總是在 Trudon 和 Diptyque 的蠟燭之間猶豫不決。前者創立於 1643 年，為宮廷提供蠟燭。後者則晚近許多（1963 年推出第一款蠟燭），但是極具現代感，而且是創作中性淡香水的先驅之一。必聞產品：Trudon 的 L'Admirable、Diptyque 的 Feu de bois。

Cire Trudon : 78, rue de Seine, 6ᵉ
01 43 26 46 50
ciretrudon.com
Diptyque : 34, boulevard Saint-Germain, 5ᵉ
01 43 26 77 44
diptyqueparis.com

送給美食愛好者：
CONFITURE PARISIENNE

✻ 「有一種果醬是拿來抹在麵包上，還有一種果醬是要用小湯匙細細品味的」。瓶身上寫著 Confiture Parisienne 的果醬就是屬於第二種。配方由大廚打造，因此好比精緻料理。以椰子油和水果製作的水果奶油，是必嘗也務必分享的美味。如果希望禮物更加精緻，瓶身還可以個人化。

17, avenue Daumesnil, 12ᵉ
01 44 68 28 81
confiture-parisienne.com

送給日本迷：
BOWS AND ARROWS

✳ 專賣日本最優質的設計品，這間店就是日式生活美學的展示櫃。我們總認為到日本要買和服和扇子，但是我特別喜歡筆記本、筆、銅壺等各種小玩意兒。

17, rue Notre-Dame-de-Nazareth, 3ᵉ
bows-and-arrows.net（提供國際運送服務）

送給創作者：
ADAM 或 SENNELIER

✳ 這裡可以找到所有畫畫需要的素材。Adam 是創立於 1898 年的顏料商店，Sennelier 則創立於 1887 年。莫迪里安尼等大師當年或許造訪過這些美術材料店家。我好喜歡紙張、鉛筆、顏料和各種顏色啊……

Adam : 11, boulevard Edgar-Quinet, 14ᵉ
01 43 20 68 53
adamparis.com
Sennelier : 3, quai Voltaire, 7ᵉ
01 42 60 72 15
magasinsennelier.net

送給法國愛好者：
BOUTIQUE.ELYSEE.FR

✳ 在法國總統官邸愛麗舍宮官網上的商店中，有許多高聲表達對法國的愛意的產品。從 Permière Dame（第一夫人）包包到與 Atelier Pauline 聯名的 Liberté（自由）手環，絕對是（目前為止）網路上最法式的禮品店。好處是什麼？商店的所有收益全部用於修繕已有 300 年歷史的愛麗舍宮。

boutique.elysee.fr（提供國際運送服務）

體驗獨一無二的巴黎

musée
Jacquemart-
André

巴黎散散步

巴黎女人除了購物、上餐廳，還喜歡看什麼？
為妳介紹光之城居民的日常。

參觀非主流美術館

當然，你也可以去羅浮宮、奧塞美術館、還有龐畢度中心。不過在地人喜歡比較不為人知的美術館。

傑克馬爾—安德烈美術館
Musée Jacquemart-André

✳ 法蘭德斯和義大利文藝復興的畫作陳列在珍稀家具之間。茶沙龍也非常迷人。

158, boulevard Haussmann, 8ᵉ
01 45 62 11 59
musee-jacquemart-andre.com

瑪默坦莫內美術館
Musée Marmottan Monet

✳ 位在一棟有花園的美麗私人公寓中，專門收藏印象派作品。想要瞻仰全世界最重要的莫內傑作，就一定要來這裡，令人驚豔！

2, rue Louis-Boilly, 16ᵉ
01 44 96 50 33
marmottan.fr

巴黎市立現代美術館
Musée d'Art Moderne de la Ville de Paris

✳ 近期整修至 2019 年 10 月重新開放。以成為首都最值得一看的嶄新美術館為目標。館藏超過 13,000 件當代藝術品。

12-14 avenue de New York, 16ᵉ
01 53 67 40 00
mam.paris.fr

浪漫生活美術館
Musée de la vie romantique

✳ 超級美麗的地方，彷彿作家喬治‧桑和音樂家蕭邦隨時會出現。庭園漂亮迷人，而且還可以出借做為婚禮場所……

16, rue Chaptal, 9ᵉ
01 55 31 95 67
museevieromantique.paris.fr

柯尼亞—傑美術館
Musée Cognac-Jay

✱ 這座小巧的美術館有如不為人知的祕密，即使巴黎人也未必知道！在這可以欣賞畫作、雕塑、素描、家具、瓷器……等。所有館藏主要來自十八世紀，是 Samaritaine 百貨創辦人之一 Ernest Cognacq 的收藏。這裡無疑非常巴黎。

8, rue Elzévir, 3ᵉ
01 40 27 07 21
museecognacqjay.paris.fr

德拉夸美術館
Musée Delacroix

✱ 2017 年底，我曾在這座美術館的庭園中舉行新書發表會。這個迷人的地方在六區中心，旁邊就是福斯坦伯廣場（Place de Furstenberg），不得不承認這是巴黎最迷人的廣場之一。當然，如果你喜歡浪漫主義畫家尤金・德拉夸（Eugène Delacroix）的作品，一定要造訪此處！

6, rue de Fürstenberg, 6ᵉ
01 44 41 86 50
musee-delacroix.fr

布爾岱美術館 Musée Bourdelle

✱ 在這裡可以充分感受到蒙帕納斯的昔日氛圍。布爾岱的工作室保持原樣。當期展覽總是非常有意思，庭園則適合做為安靜的約會場所。

18, rue Antoine Bourdelle, 15ᵉ
01 49 54 73 73
bourdelle.paris.fr

逛逛 英文書店

Galignani

✻ 這是歐洲大陸上第一家英文書店，當然不只有英文書籍和雜誌，時尚書區非常正點，我可以在這裡泡上好幾個小時呢！

224, rue de Rivoli, 1er
01 42 60 76 07
galignani.com

W H Smith

✻ 這裡有不少英文雜誌。聖誕節前夕你可能會在這裡看見我，正在為孩子們挑選「英國風」禮物還有書籍（童書專區非常正點！）我承認，一部分原因也是這裡有別處找不到的英式巧克力糖果……

248, rue de Rivoli, 1er
01 44 77 88 99
whsmith.fr

聖傑曼德佩散步

即使我現在住在14區，只要有點時間，我就會到6區閒逛。聖傑曼德佩（Saint-Germain-des-Prés）一帶遍地商店，有三個地方令我情有獨鍾：

→ 侯恩巷 La cour de Rohan
週末時會關閉，但平日推開鐵門就能進去了。過去稱作侯恩巷，可能是因為侯恩主教曾居於此，這裡和巴黎其他地方完全不一樣。過來不是為了購物，而是為了靜靜欣賞此處的美。

→ 聖傑曼德佩教堂 L'église Saint-Germain-des-Prés
巴黎最古老的教堂。如果站在路的另一邊，在 La Société 餐廳前面，就能拍出漂亮的照片，放在 Instragram 上一定可以得到很多「讚」。

→ 歐迪翁廣場 La place de l'Odéon
這裡就是所謂的拍照聖地。彷彿將劇場布景移到劇院外面。如果能夠到劇院的天臺，就能看見一整片巴黎屋頂美景。

小朋友的巴黎

不住在巴黎的女性朋友總是問我：「小朋友到巴黎要做什麼啊？」非常簡單：巴黎有太多事情能讓孩子忙，因此我從來沒有想過這個問題！美術館、公園、玩具店、書店、表演和古蹟，帶著小朋友在巴黎散步總是很愉快。

打造小主廚
Chez Bogato

✱ 這裡可以訂製造型特殊的生日蛋糕。除了下訂單,當然也可以現場啃掉一塊美味的小蛋糕。如果想要搖身一變成為甜點師,可以參加課程(有兒童、親子或成人工作坊)。理想方案:邀請孩子的朋友們一起參與甜點課程(四歲以上)。想上電視參加最佳甜點師比賽之前,這不失為一個好的開始……

7, rue Liancourt, 14ᵉ. 01 40 47 03 51
chezbogato.fr

École Ritz-Escoffier

✱ 對於想要當電影《料理鼠王》裡小老鼠雷米的孩子,最棒的禮物是什麼?當然是麗池飯店裡的料理學校烹飪課啦。小廚師們(6 到 11 歲,由家長陪同)將穿上主廚裝,依照不同方案(可上網查看)選擇並製作一道料理。保證他們還想再來!

15, place Vendôme, 1ᵉʳ. 01 43 16 30 50
ritzescoffier.com

Le Bon Marché 百貨的貼心方案

這家百貨公司近來重新規劃兒童專區,絕對是全巴黎最時尚的童裝區之一。混合經典和流行品牌,人人都能在此找到幸福。最大的優點是?每週三、六、日,大人購物時有專人幫忙看顧小孩 1、2 個小時。購物完畢別忘了過去接回小孩,這才是真正的挑戰。請上網站 planyo.com 預約。

如何養成小小巴黎人？

巴黎人被關在都市裡、嚴重缺乏綠意。不過在各式各樣的活動方面，巴黎人倒是非常幸運。有美術館、城市趣味導覽和工作坊，絕對是最佳休閒選擇。

parisdenfants.com

→ 提供巴黎美術館或特別路線的趣味導覽，有時候以闖關遊戲形式進行（五歲以上）。因為太有趣了，絕對不會聽到孩子說：「什麼時候才要離開美術館」或是「我走不動了，我要搭地鐵！」

如何尋找工作坊

→ 如果你沒有孩子，卻決定扮演「魔法保姆」，很難知道該如何照顧好他們。atelierenfant.com 這個網站可以拯救妳，他們依照不同地區和年齡，提供可選擇的工作坊，也提供舉辦生日會的工作坊。真是超級宇宙世界霹靂無敵棒！

在博物館學習

→ 某些博物館提供讓孩子著迷的特別導覽。造訪羅浮宮之前可以下載非常有趣的探險遊戲（louvre.fr）。奧塞美術館的網站提供工作坊讓孩子們報名參加（petitsmo.fr）。每週六和學校假期間，路易‧威登基金會都會為 3 到 5 歲的孩子（由父母陪同）規劃 15 分鐘的迷你導覽，也提供 6 到 10 歲的工作坊。

✷ 羅丹美術館 Musée Rodin 的用餐區

夏天帶孩子來這裡用餐再理想不過。周遭盡是綠意，還有知名雕塑品。自然而然培養文化氣息，這就是「小小巴黎人」特有的態度。

77, rue de Varenne, 7ᵉ. 01 44 18 61 10
musee-rodin.fr

✷ 東京宮 Palais de Tokyo

這座當代藝術美術館沒有常設展，不過展覽總是非常有趣。可以帶著孩子參加 Tok-Tok 工作坊，先看一遍展覽，再讓他們依照剛看過的內容創作自己的作品。

13, avenue du Président Wilson, 15ᵉ
01 47 23 54 01
palaisdetokyo.com

✷ 國立自然史博物館 Muséum National d'Histoire Naturelle 和植物園裡的動物園

所有的小小巴黎人都至少來過這裡一次（通常是全班一起來），欣賞壯觀的演化展覽廳，展示各式各樣動物標本。天氣好的時候可以到動物園，這是歐洲最古老的動物園之一。在動物園閉館休息前，必須努力把孩子拉離猴園，這是眾多的父母的共同經驗！必看：四座熱帶溫室！

36, rue Geoffroy Saint-Hilaire, 5ᵉ
01 40 79 54 79
mnhn.fr

帶孩子接觸綠意

盧森堡公園
Jardin du Luxembourg

✱ 左岸小孩最喜愛的公園。可惜只有一小片草地可以野餐。不過幸好還有很多其他事情可以做。早睡小孩的午後理想路線如下：

→ 起點是盧森堡宮前的水池：先租一艘小帆船，可以用桿子從水池邊操控，觀察鴨子。

→ 前往鞦韆區（就在網球場旁邊）。把小孩放上鞦韆幫他推。

→ 費了一番勁，該是休息的時候了。到布偶劇場旁邊的餐飲吧吃美味的可麗餅吧。也可以到 La Table du Luxembourg（就在旁邊）的露天座位來頓真正的美味午餐。

→ 到有屋頂的盧森堡偶劇場看表演（尤其是下雨的冬日）。這座老式劇場將帶給你們永生難忘的回憶。

→ 劇場出口有一座旋轉木馬，可以讓孩子坐一圈。孩子們在木馬上也不會閒著：他們必須用一根小棒子，串

住「旋轉木馬先生」拿著的鐵圈。

→ 最後騎圈迷你馬結束美好的一天（在 Guynemer 入口處對面的小路上）。這就是全部啦，回去保證讓妳享受一夜安靜……除非你在行程滿滿的一整天也累壞了！

杜樂麗花園
Jardin des Tuileries

✱ 如果妳的小孩無所事事時喜歡在床上亂跳，那就帶他們到杜樂麗花園，這裡有八座大型彈跳床，可以讓他們飛離地面，比坐在旋轉木馬上好玩太多了！

修蒙丘公園
Parc des Buttes Chaumont

✱ 對我而言，從 14 區到 19 區必須花費一番力氣，但是這個位在丘陵上的公園可以將巴黎美景盡收眼底。這裡和盧森堡公園一樣，有遊戲、偶劇場，也有迷你馬。此處讓孩子著迷的是鐘乳石洞、瀑布、空中步道還有吊橋。此外，這裡還能在草地上野餐。很值得花一張地鐵票前往！

卡特琳·拉布瑞公園
Jardin Catherine Labouré

✱ 這座公園藏身高牆之後，因此從路上很難注意到，是巴黎極少數可以踏足草地的公園。想要來一頓時髦的野餐，可以先到附近的 Grand Épicerie 採買食物。這是內行人才知道的公園，因為絕對不可能無意中發現。

29, rue de Babylone, 7ᵉ

艾菲爾鐵塔 Tour Eiffel

✱ 怎麼可能不到這裡呢！可以事先到網站訂票（tour-eiffel.fr），就不用像觀光客一樣排隊了⋯⋯或者，可以爬樓梯上去！

喜歡動物的孩子

巴黎動物園
Le Parc Zoologie de Paris

✱ 這裡約有 180 個物種，還有超過 2,000 隻動物，算是相當完備的動物園。從非洲到巴塔哥尼亞生物帶，宛如一趟旅程。事先上網報名工作坊——例如照顧動物見習生——讓這趟參訪準備萬全。另外，還可以在網站下載搭配參觀的遊戲本。

Croisement avenue Daumesnil et route de la Ceinture du lac, 12ᵉ
parczoologiquedeparis.fr

為孩子血拚

Smallable

✱ 在這間涵蓋所有當紅嬰兒和孩童商品的家庭概念店（時尚、設計、玩具），很難空手而歸，而且保證品味絕佳。這裡也是挑選新生兒禮物的好地方。Numéro 74 是我的最愛，這是一對表姊妹創立的西班牙品牌：一位是義大利人，另一位是法國人。光是這點就讓我覺得很有意思。如果我說這個品牌的商品，全部都是由泰國一個自營社區的婦女手工製作，妳們一定能理解我為何喜愛。所有商品皆為有機棉，從洋裝、窗簾到背包皆是。甚至還有成人女性專區。總之，光是這家成立超過十年的店我就可以寫一整本書！最近他們在原店址對面新開了一間小店鋪，專賣嬰兒用品和育兒物品。

81-82, rue du Cherche-Midi, 6ᵉ
01 40 46 01 15
smallable.com（提供國際運送服務）

WOMB

✱ WOMB 意即 World of my baby，是給父母的完美概念店。店址位於 Le Sentier 區的中心，販售新生兒所需的產品（嬰兒推車、連身衣，甚至壁紙），也有不錯的服裝配件品牌（Arsène et les pipelettes、Jojo Factory、Emile et Ida）。店內還提供擬定嬰兒用品清單的服務（網站上亦有此服務）。

93, rue de Réaumur, 2ᵉ
01 42 36 36 37
wombconcept.com（提供國際運送服務）

Bonpoint

✱ 在 Bonpoint 一定可以找到屬於自己的幸福！尤其是踏進位在杜爾儂街（rue de Tournon）上的店面，這個地方美得不得了。無論是嬰兒、小女孩還是小男孩，全都一樣有型，在這裡只有好品味。美麗的色彩，細膩的印花（啊，他們最知名的 Liberty 花布！）還有「隨性時髦」的剪裁。冬季一定要買羽絨夾克，夏季的刺繡洋裝或小男生的襯衫都令人心動不已。嬰兒可用的香水是最適合的新生兒禮物（姑且不論媽媽們還會偷用寶寶的香水）。一樓庭院設有 La Guinguette d'Angèle 餐廳，餐點非常健康，因此我超級推薦。

6, rue de Tournon, 6ᵉ
01 40 51 98 20
bonpoint.com（提供國際運送服務）

Louis Louise

✳ 時髦的波希米亞精神、民俗風印花，Louis Louise 的設計簡直迷死人。設計師群深知如何打造可愛不造作的洋裝。這類商店讓我很懊惱女兒已經不再是小孩了。

83, rue du Cherche-Midi, 6ᵉ
63, rue de Turenne, 3ᵉ. 09 80 63 85 95
louislouise.com (提供國際運送服務)

Pom d'Api

✳ 這個品牌擁有超過百年經驗！1870 年起就為法國和全世界的孩子們製造鞋子。寶寶踏出第一步時，就該穿如此優質的鞋。Plagette 是涼鞋明星款，所有巴黎小女孩都應該要有一雙。每一季都會推出新款式，Pom d'Api 也提供 Collection Originale 系列，提供可更換配件的客製化鞋履服務。完全跟上「這是我做的！」潮流。

13, rue du Jour, 1ᵉʳ. 01 42 36 08 87
28, rue du Four, 6ᵉ. 01 45 48 39 31
pomdapi.fr (提供歐洲地區運送服務)

Baudou

✳ 雖然從店名看不出來，不過這確實是 Bonpoint 的家具店。如果妳不想孩子的房間布置雜亂俗氣，這裡就是你的最佳選擇。顏色淡雅，沒有任何無用的家具，是購入素雅的藤編搖籃、線條俐落的床架，還有北極熊燈的理想之處。如果家中已經沒有空間，不妨帶著一隻令人難以抗拒的布偶回家吧！

7, rue de Solferino, 7ᵉ. 01 45 55 42 79
baudoumeuble.com (提供國際運送服務)

兒童時尚

為孩子打扮的三大概念：

⟶ 避免混搭太醒目的印花，不要因為孩子年紀小，就把他們打扮得像個小丑。

⟶ 別猶豫讓孩子穿一身黑，不易弄髒是另一大優點。如果你想讓孩子顯得活潑一些，不妨搭配其他顏色的鞋子、圍巾或大衣。這就是風格的真諦，即使超過十歲也可以如此。

⟶ 為了避免孩子在風格上造反，偶爾也要讓他們自己選擇衣服。如果你的兒子非得要選印有他最愛超級英雄的螢光橘T恤，或是女兒一定要穿粉紅色蓬裙上街，那就隨他們去吧。畢竟誰年輕的時候沒犯過錯呢？

Bonton

✈ 如果希望孩子穿著簡單又實穿的衣物，來這裡就對了。這裡的風格是什麼？少許布波風，精良材質，明亮但不過度鮮豔的色彩。在本書的第一版中，大家都希望 Bonton 可以推出成人尺寸。現在已有專為成人女性打造的系列。這家概念店中，孩子們可以找到許多有趣的物品裝飾房間。位於3區的分店內還有「理髮師」可為孩子們剪頭髮呢！（需先在網站上預約）

5, boulevard des Filles-du-Calvaire, 3ᵉ
01 42 72 34 69
82, rue de Grenelle, 7ᵉ
01 44 39 09 20
bonton.fr（提供國際運送服務）

Bass

✱ 木製或鐵皮玩具店總給人有靈魂的感覺。Bass 的木製玩具雖是全新，但靈感來自復古玩具。自從進入電玩時代，這種老舊風情成為勢不可擋的潮流。在這裡還會迷上可以上發條的鐵皮玩具，像是旋轉木馬、機器人或大象。

8, rue de l'Abbé-de-l'Epée, 5ᵉ
01 43 25 97 01
bass-paris.com (提供國際運送服務)

IE

✱ 「ie」（いえ）這個日文字意指住家。剛開店的時候，這個店名顯得很合理，因為這裡專賣居家用品。不過店家做了改變，現在販售自家品牌的服裝（新生兒到八歲）。款式很討人喜歡，全部都在印度以天然材質製造，織布和印花皆為手工，是環境友善的服裝！漂亮迷人的店裡（及品牌網站），有迷人獨特的布料（以公尺販售），也有許多精挑細選，來自印度、日本或其他國家的各式物品。

128, rue Vieille-du-Temple, 3ᵉ
01 44 59 87 72
ieboutique.com (提供國際運送服務)

La Mouette Rieuse

✳ 一踏進這家擺滿書籍的文化概念店，就知道會在這裡花上不少時間。門口：全都是巴黎相關書籍（從巴黎最佳餐廳指南，到 Henri Cartier-Bresson 攝影集）。書店二樓則是童書區，有許多並非隨處可見的超可愛出版品。如果你希望好好休息，店內還有帶小中庭的咖啡店。

17 bis, rue Pavée, 4ᵉ. 01 43 70 34 74

Le Petit Souk

✳ 要送新生兒禮物時，來這裡選購物品和有趣但不愚蠢的小衣服就對了。尤其是兔子造型小夜燈，或是有趣布料的連身衣。這裡也販售家飾品和文具（筆記本永遠不嫌多！）。

17, rue Vavin, 6ᵉ.
01 42 02 23 71
lepetitsouk.fr

Chantelivre

✳ 宛如童書聖殿，櫥窗永遠有數不清的新點子，是會讓所有孩子渴望閱讀的書店，真是傑出的一手。更不用說 Chantelivre 書店能夠為你介紹任何一本書的內容，或是描述送書對象時便能推薦最適合的書。這裡也有「成人」專區，放滿最新出版的書籍。或許你會在這裡看到我的書唷……

13, rue de Sèvres, 6ᵉ. 01 45 48 87 90
chantelivre.fr (提供國際運送服務)

Milk on the rocks

✳ 獨特的小細節、印花、搖滾,出人意表的色彩和舒適的材質,Milk on the Rocks 的童裝不僅父母滿意,更討孩子歡心。最棒的是,這裡可以帶孩子一起逛,因為店內有太多小玩意兒讓他們忙著玩。

7, rue de Mézières, 6ᵉ.
01 45 49 19 84
milkontherocks.net (提供國際運送服務)

Agnès b. enfants

✳ 想讓孩子穿一身黑,這個品牌就是不二之選。Agnès b. 是最早大膽讓孩子穿上黑色的設計師之一。我要為她大大鼓掌。

2, rue du Jour, 1ᵉʳ.
01 40 13 91 27
agnesb.fr (提供國際運送服務)

Pain d'épices

✳ 典型拱廊街中的獨特之地。這家傳統玩具店有如娃娃屋的天堂:除了各種尺寸,各式家具也應有盡有。像是梳妝臺、小蛋糕,甚至還有袖珍大富翁。每當我想要送非常私人的禮物時,我就會買一個木製展示盒,裡面擺進一件象徵收禮人的袖珍物品:如果對方是木工,那就是打洞器;如果是時髦女孩,則會是一件娃娃洋裝。這會是很有趣的擺飾。

29-33, passage Jouffroy, 9ᵉ
01 47 70 08 68
paindepices.fr (提供國際運送服務)

Finger in the Nose

✱ 印花 T 恤、牛仔服飾、柔軟的運動衫、羽絨夾克和風衣，Finger in the Nose 以酷勁和趣味重新演繹孩子衣櫥中的必備單品。

45, avenue de Trudaine, 9ᵉ. 01 42 06 40 19
11, rue de l'Echaudé, 6ᵉ. 09 83 01 76 75
fingerinthenose.com（提供國際運送服務）

Marie Puce

✱ 如果妳在找 Liberty 印花布的嬰兒洋裝，來這裡就對了。這家店也有 Minnetonka 靴子和 Salt Water Original 涼鞋，這些品牌可不容易找到。

60, rue du Cherche-Midi, 6ᵉ. 01 45 48 30 09
mariepuce.com（提供國際運送服務）

兒童專屬網路商店

ovale.com

→ 提供極奢華的新生兒禮物，像是純銀手搖鈴。寶寶長大之後，手搖鈴還可以變成鑰匙圈。

aliceaparis.com

→ 天然材質、造型簡潔、價格實惠，這三大優點非常吸引我。

maisonette.com

→ 巴黎女人也喜歡以並非隨處可見的品牌裝扮自己的孩子。必逛網站：Maisonette，商品經過精挑細選，聯名合作系列超級熱門。網站也推出自己的品牌 Maisonette Essentials，讓有型的巴黎女人羨慕嫉妒得要命，但是對孩子們而言倒是很實用。

巴黎好好吃！

巴黎女人的生活可不只有時尚！細細描述在裝潢雅致的地方用餐帶來的愉悅，完全不亞於買到年輕設計師的珠寶飾品。無論是充滿巴黎精神的小酒館、非預約不可的熱門餐廳，或是可以看見艾菲爾鐵塔的餐廳，這裡的名單讓你躋身好品味的在地人行列。

非常巴黎

La Poule au Pot

劃重點

「菲力牛排和黑森林蛋糕……
明天我會去跑步。」

不可不知

✈ 這家位在 Les Halles 的明星餐廳，才剛由 Jean-François Piège 接手一年，就已獲得米其林一星。此處的料理風格十分「布爾喬亞」，而且份量非常大方。

不能不點

✈ 到這裡要大膽點蛙腿（非常法式……）和小羊腿，甜點則要選冰霜覆盆子草莓佐白乳酪雪寶。

9, rue Vauvilliers, 1er
01 42 36 32 96
lapouleaupot.com

Chez Georges

不可不知

✳ 在這裡一切都沒有改變，菜單尤其如此。腸包肚、蛋黃醬芹菜根沙拉、油煎鯡魚馬鈴薯、冰淇淋泡芙，各種懷舊菜色這裡全都有，令人滿心歡喜。

不能不點

✳ 經典的芥末奶油醬牛排（pavé du Mail），是胡椒調味的大塊牛排搭配薯條。

1, rue du Mail, 2ᵉ. 01 42 60 07 11

劃重點

「到這裡用餐別穿一身古著，
免得大家以為你大半輩子
都耗在這裡！」

Le Cette

劃重點

「真的太棒了！」

不可不知

✳ 這是一家男人和女人都會喜歡的餐廳。主廚是日本人，從他手法細緻的料理中可以隱約感受到文化背景的影響。我是最近搬家才發現這家迷人的小酒館，氣氛非常好，簡單又美味。而且店主非常親切。

不可不點

✳ 精緻的前菜，魚料理，還有甜點……全部都美味的不得了！菜單經常更換，因此很難向你推薦該點什麼。

7, rue Campagne-Première, 14ᵉ
01 43 21 05 47
lecette.fr

Chartier Montparnasse

劃重點

「午餐才花了我 15 歐元，接下
來我可以在附近大買特買了。」

不可不知

✱ 一如 Bouillon Pigalle，人們來這
裡用餐主要是因為還算好吃，而且真
的不貴。

不可不點

✱ 9 歐元的烤放養雞，還有香緹鮮
奶油泡芙（3.20 歐元）

59, boulevard du Montparnasse, 6ᵉ
01 45 49 19 00
bouillon-chartier.com

LE CAFÉ DE FLORE

花神的精神

✱ 花神咖啡和巴黎息息相關，幾乎是陳腔濫調的印象了。這裡也是聖傑曼德佩的中心，因此也代表了此區的精神。花神咖啡令人想起沙特（Jean-Paul Sartre）和存在主義，還有許多藝文名人如莎岡（Françoise Sagan）、波里斯·維安（Boris Vian）、邁爾斯·戴維斯（Miles Davis），不過更重要的是法式精神：反叛、挑戰、開朗、慷慨、不墨守成規。位在左岸的花神經常聚集許多左派人士。

花神咖啡的矛盾之處

→ 在這裡可以很安靜（尤其在三樓），**但是**會遇見一大堆認識的人。

→ 這裡很現代化，**但是**裝潢卻走老式風格。

→ 這裡是餐廳，**但是**可以只來喝杯咖啡。

→ 這裡很有人情味，**但是**也很大。

→ 這裡很不傳統，**但是**很經典。

→ 在這裡會遇見作家費德利克·貝格岱（Frédéric Beigbeder，正是他創辦了花神文學獎）、導演史蒂芬·史匹伯（Steven Spielberg）、演員黛安·克魯格（Diane Kruger）、歌手兼演員愛麗耶·東芭爾（Arielle Dombasle）、導演蘇菲亞·柯波拉（Sofia Coppola），或是律師兼前部長喬治·基耶曼（Georges Kiejman），**但是**也有許多時尚人士……還有我！

劃重點

「上次的花神獎晚宴你有去嗎？
什麼？你沒受邀？太可惜了！」

什麼時候適合去？

✳ 週末可以到這裡吃午餐。不過對接下來要做什麼毫無頭緒時，也可以約在這裡。和女性好友中午在這裡用餐。或是晚上和愛人或朋友共進晚餐……總之，很可以在花神度過一生！

該坐在哪裡？

✳ 從左邊進入，靠近櫃臺處，內行人都坐在這裡。想要安靜一點、多些光線的話，可以坐在樓上。不過無論坐在哪裡，收銀員都會以溫柔的眼神注意客人，侍者的服務親切又幽默。花神咖啡的總監米洛斯拉夫·瑟利耶哥維（Miroslav Siljegovic）為這裡打造了極為舒適的氛圍。

不可不點

→ 珂蕾特沙拉（salade Colette），有葡萄柚、生菜心和酪梨。

→ 不會過熟的水煮蛋。

→ 威爾斯兔子（Welsh Rarebit，以切達乳酪、啤酒和吐司製作的特色料理），可以立刻填飽肚子，而且久久不餓。

→ 花神（Flore，店家自製熱壓三明治）。

→ 四季豆沙拉（salade de haricots verts），看似平淡無奇但四季豆青脆的恰到好處。

→ 熱巧克力搭配香緹鮮奶油，或是列日巧克力（chocolat liégeois）。

服裝規則

✳ 必須遵守左岸特有的「隨性時髦」優雅（例如牛仔褲、男裝外套、芭蕾平底鞋）。好心建議：絕對避免穿紅色（店內的高背座椅就是紅色），否則你會變成隱形人。

172, boulevard Saint-Germain, 6ᵉ
每日營業，早上7點到凌晨2點
01 45 48 55 26
cafedeflore.fr

Le Bon Saint Pourçain

劃重點

「我第一次聽說這家餐廳，是在詹姆士·艾洛伊（James Ellroy）的小說裡。」

不可不知

✈ 這一直都是我最喜愛的餐廳，全然體現典型的巴黎精神。經營手腕高明，被擁有 Racines、Le Caffè Stern 和 Noglu（無麩質餐廳與雜貨店）的大衛·拉納（David Lanher）收購。此處不僅氣氛愉快，主廚馬提耶·泰雪（Mathieu Techer）的料理也令人陶醉無比。

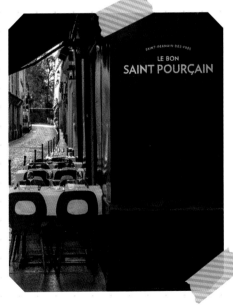

不可不點

✈ 油醋韭蔥（poireaux vinaigrette）和煎黃香李（poêlée de mirabelles）。好吧，減肥的人才點這些，否則還有其他更有飽足感的料理。

10 bis, rue Servandoni, 6ᵉ
01 42 01 78 24
bonsaintpourcain.com

Le Salon du Cinéma Panthéon

劃重點

「快看，大明星凱薩琳·丹尼芙
就在你後面！」

不可不知

✱ 二樓是全巴黎歷史最悠久的電影院
之一，這裡最適合和三兩女性友人共進午
餐或是喝下午茶（晚上七點關門）。

不可不點

✱ 沙拉、伊比利火腿盤、有機鮭魚，新
鮮又美味。

13, rue Victor-Cousin, 6ᵉ
01 56 24 88 80
whynotproductions.fr

Chez Paul

不可不知

✱ 這家餐廳坐落在迷人可愛的多芬廣
場（Place Dauphine），內裝有如典型的
劇場布景。

不可不點

✱ 略帶甜鹹口味的鴨柳（canard en ai-
guillettes）。

15, place Dauphine, 1ᵉʳ. 01 43 54 21 48

劃重點

「尤．蒙頓以前就住在隔壁，
這裡有如他家的飯廳。」

Le Petit Lutétia

劃重點

「太棒了，我成功預約到啦……
雖然七點就要到餐廳，
不過很棒對吧？」

不可不知

✖ 一家貨真價實的時髦小酒館，據說吸引全巴黎最美麗的客人……但我不會這麼說，因為我自己也會去……OK，這裡或許有點吵，不過是因為氣氛超級棒。餐廳經理克里斯多夫貼心極了。注意，一定要提前訂位，否則是沒有辦法吃到帝王蟹酪梨萵苣沙拉，或是韃靼料理 le tartare brasserie，兩樣都是餐廳的不可不點菜色。

不可不點

✖ 「婊子」牛排（putain d'entrecôte），菜單上就是這麼寫的，還有可以分著吃的巧克力慕斯。

107, rue de Sèvres, 6ᵉ. 01 45 48 33 53

La Laiterie Sainte-Clotilde

不可不知

✖ 這是一家街坊餐廳，但是很多人遠道而來，只為品嘗店主尚－巴提斯（Jean-Baptiste）超級新鮮又費盡心思的佳餚。

不可不點

✖ 菜單會定時更換，不變的是絕對不會有太油膩厚重的料理。到這裡用餐，可以吃得美味又健康。即便是肥肝或腹肉牛排，都不會予人不健康的感覺。至於糖漬薑鳳梨，我讓諸位自行體驗。

64, rue de Bellechasse, 7ᵉ. 01 45 51 74 61
lalaiteriesainteclotilde.fr

劃重點

「店名是乳品店（Laiterie），
但是肉品卻非常美味。」

Café Verlet

劃重點

「這是第一個想到自己烘豆
並提供咖啡的店家，不愧是
一切的起點。」

不可不知

✈ Verlet 是巴黎歷史最悠久的手工烘豆
店家，並且讓法式咖啡活起來。咖啡愛好
者可以在此內用或外帶超過三十種咖啡，
以及四十多種世界各地的頂級好茶。

不可不點

✈ 咖啡或茶一定要搭配店家自製的甜
點，例如千層派。

256, rue Saint-Honoré, 1er
01 42 60 67 39
verlet.fr

Bouillon Pigalle

劃重點

「我買了《Bouillon》那本書，裡面有他們的食譜。以後我就可以天天吃到他們的冰淇淋泡芙了。」

不可不點

✱ 美乃滋蛋、香草奶油焗蝸牛、香腸燉扁豆、白汁燉小牛肉、沒有比這些更法式的料理了。至於甜點，一定要點冰淇淋泡芙，否則用餐體驗就不算完整。

不可不知

✱ 最好不要餓到前胸貼後背的時候前往 Bouillon Pigalle，因為這裡不能訂位，加上餐廳大受歡迎（以餐點的品質來說，這裡真的不貴），餐廳門口很快就出現長長的人龍。餐廳每天從中午十二點營業至午夜十二點，而且有 300 個座位。總之妳一定會跟朋友們一起離開。

22, boulevard de Clichy, 18ᵉ
01 42 59 69 31
bouillonpigalle.com

La Fontaine de Mars

不可不知

✳ 天氣好的時候，大家都喜歡到這家餐廳享受露天座。

不可不點

✳ 週一到週五，每天都會有不一樣的當日特餐。星期五是烤放養雞和薯泥。單點的話，有蝸牛和非常美味的鴨胸。然後我要說一個祕密，但是你們可別說出去：略微焦糖化的漂浮島，是世界頂級的美味！

129, rue Saint-Dominique, 7ᵉ
01 47 05 46 44
fontainedemars.com

劃重點

「我要點和米雪兒．歐巴馬來這裡時一樣的餐點！」

La Closerie des Lilas

劃重點

「海明威常來這裡。
我也是。」

不可不知

✳ 這是十九世紀末起，蒙帕納斯最具象徵性的餐廳。從左拉（Émile Zola）到塞尚（Paul Cézanne），從阿波里奈爾（Apollinaire）到安德烈·布列東（André Breton），還有莫迪里安尼、畢卡索（Picasso）、沙特、王爾德（Oscar Wilde），甚至曼·雷（Man Ray），整個藝文圈都曾在 Closerie 喝咖啡或吃晚餐。餐廳的部分非常時髦，小酒館則平易近人許多。在入口處點完海鮮盤後，我就會到小酒館。

不可不點

✳ 韃靼牛排，這是餐廳的必點料理……還有其他所有料理，因為全部都好吃！

171, boulevard du Montparnasse, 6ᵉ
01 40 51 34 50
closeriedeslilas.fr

La Calèche

劃重點

「這裡是藝廊經營者的新寵。」

Le Petit Célestin

不可不知

✱ 「巴黎獨有」的氣氛。餐廳面對塞納河岸,我們說這是一家老式風格的小酒館餐廳,更重要的是這裡非常迷人。夏天時,餐廳外面放幾張餐桌讓整體更有氣氛。

不可不點

✱ 所有的料理簡單又美味。從布拉塔乳酪小番茄沙拉到鮪魚韃靼都好吃。

不可不知

✱ 這是 2019 新開的餐廳,坐落在以古董聞名的街區。現在我們知道買完家具後可以到哪裡吃午餐或晚餐了。

不可不點

✱ 一如 La Laiterie Sainte-Clotilde,這裡也由尚－巴提斯經營,菜單上的料理可以隨意點,因為道道都美味極了。我可以跟你說義式生牛肉薄片是大家的最愛。

8, rue de Lille, 7^e
01 40 20 94 21
lacalecheparis.fr

12, quai des Célestins, 4^e
01 42 72 20 81
lepetitcelestin.fr

劃重點

「這才叫巴黎!」

Bouillon Julien

不可不知

✈ 如果你是外國人，想要看看有如電影場景或是一般人對巴黎的想像，那麼這裡絕對就是你要訂位的餐廳（可以上網訂位）。餐廳的布置或菜單彷彿走入動畫「料理鼠王」。如果你是巴黎人，帶外國朋友來這裡絕對不出錯，建築原汁原味。這裡和所有的小餐館一樣，價格非常親民。

劃重點

「大明星艾迪特・琵雅芙（Édith Piaf）習慣在這裡等她的愛人──拳擊手馬瑟・賽爾丹（Marcel Cerdan）。」

不可不點

✈ 一定要點「朱里安湯」（Bouillon Julien，有牛高湯、珍珠麵、牛肩肉、薑、檸檬香茅），只要 9.90 歐元，搭配現炸薯條（2.70 歐元）和漂浮島（3.10 歐元）。

16, rue du Faubourg Saint-Denis, 10ᵉ
01 47 70 12 06
bouillon-julien.com

還有還有：

Le Charlot

✱ 我住在左岸，因此書中有許多店都在我家附近。不過我到瑪黑區的時候，Le Charlot 就是我愛去的餐廳，侍者滿臉笑容，而且如果同行的女性友人正在減肥，希望主菜不加醬汁、水果不要放糖，他們都非常樂意配合。

38, rue de Bretagne, 3ᵉ. 01 44 54 03 30
lecharlot-paris.com

Le Sélect

✱ 這家餐廳在蒙帕納斯，最適合早上去喝杯咖啡，或是白天小酌。餐點也非常美味（啊～ Croque Select 三明治！）

99, boulevard du Montparnasse, 14ᵉ
01 45 48 38 24
leselectmontparnasse.fr

Lapérouse

✱ 這是近來重新開幕的餐廳，巴黎人人都在談論。我還沒有時間造訪，不過我對主廚尚－皮耶·維加多（Jean-Pierre Vigato）和甜點主廚克里斯多夫·米夏拉克（Christophe Michalak）很有信心。十九世紀時，波特萊爾、左拉、莫泊桑、普魯斯特、朱爾·凡爾納……等名人都是這家餐廳的座上賓。餐廳保留了這份溫暖的氛圍，私人沙龍更是神祕，沒有人真正知道誰坐在裡面……

51, quai des Grands-Augustins, 6ᵉ
01 43 26 68 04
laperouse.com

欣賞艾菲爾鐵塔

Girafe

✈ 彷彿置身觀景第一排，可以好好欣賞古斯塔夫・艾菲爾（Gustave Eiffel）的傑作。帶到巴黎遊玩的外國朋友來這裡用餐非常理想，美景一定會讓他們印象深刻。此外這裡的食物也非常美味講究，採用優質食材。Girafe 以魚類料理為主，還有生蠔、魚子醬和海鮮。不過對於「非肉不可」或「素食主義」者，這裡也有其他料理可供選擇。1930 年代風格的裝潢非常美麗！不用我提醒，一定要預約訂位。

Palais de Chaillot
1, place du Trocadéro, 16ᵉ
01 40 62 70 61
girafeparis.com

La Perruche

✈ 這裡又稱為「空中花園」，因為餐廳在春天百貨頂樓的露天座（購物完後到這裡用餐真是太方便了），每天早上 9 點 35 分營業至清晨 2 點。在這裡能以各種角度欣賞鐵塔。雖然很遠，但是矗立地鐵塔和整個巴黎市融為一體。至於料理，簡單卻樣樣令人心動。

Printemps de l'Homme
2, rue du Havre, 18ᵉ. 01 40 34 01 23
perruche.paris

非常時髦

Le Piaf

✈ 如果想要確保妳策劃的晚餐氣氛絕佳，來這裡就對了！晚上 8 點左右抵達，和朋友們小聊片刻，接著點餐（重新詮釋的法式經典料理），不知不覺中，妳和朋友們已經高聲唱歌，酒吧的鋼琴手演奏人人熟悉的歌曲，一定會是令人難忘的夜晚。這裡讓我想起我還沒有小孩……或工作時，在巴黎度過的狂野夜晚（營業時間為週四到週六，至凌晨 5 點）！

38, rue Jean-Mermoz, 8ᵉ
01 47 42 64 10
lepiaf-paris.com

Clover Grill

✈ 想要來點風味十足的優質烤肉時，大家都知道尚－方索華・皮耶傑（Jean-François Piège）一定有好菜。這家餐廳的布置溫馨舒適，或許是因為極富裝飾感的地毯吧。此處的料理完全展現 Jean-François 的風格：份量大方，食材優質，風味細緻。很適合帶愛吃優質好肉的未婚夫來這裡，你可以故作輕鬆地對他使眼色：「我想這裡有澳洲的黑市牛肉喔」。

6, rue Bailleul, 1ᵉʳ
01 40 41 59 59
clover-grill.com

CoCo

✳ 我對 Coco 這個名字特別有感情，不過這家餐廳的確很值得造訪，因為緊鄰加尼葉歌劇院（Opéra Garnier），立刻就為餐廳裝潢定調。更不用說裝潢本身精彩絕倫，彷彿置身《大亨小傳》（室內設計師為 Corinne Sachot，植栽設計師為 Thierry Boutemy）。天氣好的時候，歌劇院中心的花園露天座非常迷人。至於盤中料理，全都經過精心設計，令人食指大動。必嘗料理：巧克力修拿棒。

1, place Jacques-Rouché, 9ᵉ
01 42 68 86 80
coco-paris.com

Marigny, le Restaurant

✳ 餐廳位在馬瑞尼劇院（théâtre Marigny）裡，是看表演前後理想的用餐去處。如果想要假扮成香榭麗舍大道上的觀光客，也可以到這家餐廳用餐。Le Marigny 是尚－路易·科斯特（Jean-Louis Costes）旗下餐廳之一，料理的品質可想而知，是奢華的小酒館風格，而且人人都能找到喜愛的料理。每日營業，早上 9 點到清晨 2 點。

10 bis, avenue des Champs-Élysées, 8ᵉ
01 86 64 06 40
theatremarigny.fr

La Société

✳ 這家餐廳似乎不希望出現在指南中。真可惜，因為它已經出現在本書的第一版中，我也將之選入另一本著作《Les Parisiens》（暫譯：巴黎男人的時尚聖經）。這次我再度將它放入新書，因為餐廳不僅位置絕佳（在聖傑曼教堂對面），最重要的是料理從不令人失望。

4, place Saint-Germain-des-Prés, 6ᵉ
01 53 63 60 60

Dans un jardin

La Table du Luxembourg 以及 La Terrasse de Madame

大家可能想不到，盧森堡公園裡竟有一個好地方可以吃午餐，那就是 La Table du Luxembourg。在全巴黎最美麗的樹蔭下，旁邊就是知名的偶劇場，可以聽見鳥鳴和孩童的嬉戲聲，彷彿正在度假呢。不僅用餐環境與平常大相逕庭，而且餐點也很美味。強烈建議事先訂位，可以在網站上完成。公園內還有另一個餐廳叫做 La Terrasse de Madame，也非常棒。而且如果沒有時間坐下來吃飯，也可以向櫃臺點外帶餐點。

7, rue Guynemer, 6ᵉ
01 42 38 64 88
latableduluxembourg.com
218, rue de Médicis, 6ᵉ
01 42 01 17 96

Loulou

✈ 很長一段時間裡，杜樂麗花園中沒有值得停留品嘗的餐廳。不過有了位在裝飾藝術美術館中的餐廳 Loulou，一切都不一樣了，餐廳有視野絕佳的露天座，羅浮宮就是最美的背景。這裡的料理簡單又現代（半生熟鮪魚，帕瑪森乳酪佐朝鮮薊）。此處的氣氛怡人，因為既有觀光客也有巴黎人。我很喜歡這家餐廳，感覺很有氣質，因為說「我要去裝飾藝術美術館吃午餐」，聽起來和去吃速食給人的感覺完全不一樣……

107, rue de Rivoli, 1ᵉʳ
01 42 60 41 96
loulou-paris.com

風格出眾
還有好菜

不久之前，我的朋友艾洛伊絲（我和她曾長時間共事）推出一組概念商品禮盒，由於太受歡迎，沒幾天便銷售一空。她熱愛料理，於是創立了網站 missmaggieskitchen.com，販售一些迷人的小東西，還有食品雜貨，不過主要是搭配美麗圖片的食譜筆記。艾洛伊絲才華洋溢，美麗又慷慨。其一部分銷售盈利捐給 Action Contre La Faim（反飢餓行動）。你一定以為我在此提到她，是因為我們的書屬於在同一家出版社（她的著作將於 2019 年底出版）：純粹是因為 Flammarion 選擇的作者都太優秀了……

Bread & Roses

6 區已經有一家 Bread & Roses（7, rue de Fleurus），因此 2010 年初這家分店在我的辦公室附近開幕時，自然成為我的午餐食堂。而且一直如此。鹹派、新鮮山羊乳酪開放式三明治、番茄和水牛莫札瑞拉千層派，還有午間沙拉都美味極了。有機雜糧麵包是人間美味，更不用提他們的甜點（蒙布朗、乳酪蛋糕、千層派）。如果你想買有機麵包帶回辦公室，可以到餐廳最裡面購買，是不是很 Bio-tiful 呢？

25, rue Boissy d'Anglas, 8ᵉ
01 47 42 40 00
breadandroses.fr

Café Citron

彷彿在檸檬樹下用餐，這間餐廳由設計師西蒙・波特・賈克穆（Simon Porte Jacquemus）發想，並與 Kaspia 合作。餐廳坐落在香榭麗舍大道，位於新的拉法葉百貨裡，料理充滿陽光氣息。從餐盤的選擇到草編地毯，還有菜單，靈感皆來自設計師的出生地普羅旺斯。我不僅很喜歡這位設計師的概念，而且在這裡吃飯，不用離開巴黎也有置身南法的氛圍。

Galeries-Lafayette Champs-Élysées
60, avenue des Champs-Élysées, 8ᵉ
01 83 65 61 08
cafecitronparis.com

美食拱廊街

如果你正在尋覓時髦的拱廊街，而且可以品嘗優質食材的午餐或晚餐，那麼 Beaupassage（53-57, rue de Grenelle, 7ᵉ）就是你的首選。這裡的專業及美食林立（Thierry Marx、Yannick Alléno、Anne-Sophie Pic、Pierre Hermé，甚至還有 Barthélémy 乳酪店）。特別一提，自養自銷的肉販 Alexandre Polmard 在拱廊街的餐廳時髦極了！

Ralph's

✱ Ralph Lauren 選擇在巴黎左岸，開設他在全歐最大店面是明智的決定。這棟十七世紀的私人公寓就是美國最有型運動服之王的天地。亮點是什麼呢？Ralph's 餐廳綠樹成蔭的中庭。蟹肉餅或漢堡，我們身在巴黎，吃的卻是美式料理。我之前就說過了：巴黎女人就是喜歡跳脫框架。

173, boulevard Saint-Germain, 6ᵉ
01 44 77 76 00
ralphlauren.com

Claus

✱ 這是前時尚界人士開設的餐廳，以精彩豐盛的早餐出名。這裡的午餐也非常美味，而且非常健康。用餐環境極為舒適。餐廳附設的雜貨區販售料理所需的一切。注意，餐廳外面經常大排長龍。

2, rue Clément, 6ᵉ
14, rue Jean-Jacques Rousseau, 1ᵉʳ
01 55 26 95 10
clausparis.com

吃貨專屬應用程式

如果吃完我推薦的餐廳，你還是很餓，那麼 Fooding 這款應用程式絕對是你的手機必備，可以幫助你找到巴黎最棒（以及其他氣氛舒服食物美味、價格親民）的餐廳。Fooding 榜上的餐廳都是道地巴黎人最熟悉的餐廳。

Le Drugstore

✱ 設計師 Tom Dixon 開了一家經典但顛覆成規的餐酒館。主廚 Éric Frechon 負責菜單上的料理，早上八點就開始營業。在這裡可以品嘗巴黎的傳奇料理——火腿奶油三明治。從中午到午夜都供餐，這點也非常巴黎！

133, avenue des Champs-Élysées, 8ᵉ
01 44 43 75 07
publicisdrugstore.com

晚安巴黎

來巴黎該落腳哪裡呢？奢華的大飯店當然很棒！麗池或克里雍飯店絕少令人失望！但是我們想要試試漂亮的小旅館，選擇可多了！位置佳（大多在左岸）、布置美麗，而且更具魅力。以下推薦 9 個巴黎好住處。

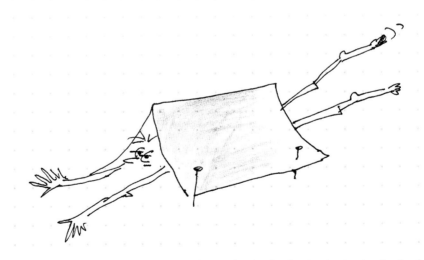

Hôtel national des Arts et Métiers

氛圍

✖ 這裡較為隱密，位在瑪黑（Marais）和蒙托格耶（Montorgueil）之間，這間四星旅館擁有可以 360 度眺望巴黎的露臺。「Happy hours」時可能還會看到明星喔。

劃重點

「不不不，旅館裡的 Ristorante National 不是餐廳，而是時髦的義式餐酒館……」

裝潢

✖ 這裡的裝潢布置尊重建築原有的模樣，因此可以看見各式材質的表現手法：建築石材、磨石子、鋼梁、原木……

243, rue Saint-Martin, 3ᵉ
01 80 97 22 80
hotelnational.paris

Hôtel Bel Ami

氣氛

✈ 除了設計感，還是設計感，但是帶有一絲親切。櫃檯人員的服務效率極佳，能為你一家大小規劃巴黎或凡爾賽的參觀行程。當你走了一整天，拖著疲勞的身體回到飯店時，這裡還有 spa 和桑拿。至於地點，如果你喜歡左岸的話，這裡再完美不過，而且到右岸也很方便。

裝潢

✈ 由多位藝術家打造，極具現代感。四層樓中有三層由室內設計師 Pascal Allaman 翻新設計，他以手寫字體和 Bel Ami 旅館原址的舊式印刷為靈感，希望營造極富視覺效果的氛圍。

劃重點

「去花神咖啡館之前，我要先去做個桑拿。」

373歐元起
7-11, rue Saint-Benoît, 6ᵉ
01 42 61 53 53
hotelbelami-paris.fr

Hôtel Récamier

劃重點

「別把這個地方告訴大家，
盡量讓這裡是個祕密。」

氣氛

✳ 坐落地點絕佳，旁邊就是聖旭爾比斯教堂（l'église Saint-Sulpice），這間旅館是全巴黎最神祕的地方……（但是放入這本指南後，就不是祕密了……）。雖然地點人潮熙來攘往，卻不引人注意，保有這建物的魅力，而非不計代價地想要出名。而且這裡的接待非常親切。

裝潢

✳ 每個房間都不一樣。最近改裝成精緻高雅的風格，以米色為主，每個房間加入少許不同的深色調。

259歐元起（網站上有優惠）
3 bis, place Saint-Sulpice, 6ᵉ
01 43 26 04 89
hotelrecamier.fr

Villa Madame

氣氛

✳ 毫不造作的奢華，而且低調不為人知，位在6區迷人街道的七樓建築，是時髦的當代風格。小庭院是加分的優點。

裝潢

✳ 淺色木頭、異國風情裝飾品、栗色、白色和深紅色，雖然配色很基本，卻讓整體設計多了一點溫度。某些房間附有露臺，可以眺望巴黎的屋頂，必須事先詢問。

160歐元起
44, rue Madame, 6ᵉ. 01 45 48 02 81
hotelvillamadameparis.com

劃重點

「chic 又 cozy，
就是 chicosy！」

Villa d'Estrées

劃重點

「想要大膽示愛的人,
這裡提供浪漫的服務。
很方便吧!」

氣氛

✱ 這間旅館固然非常出色,但是絕佳的位置是其最大的優點。從這裡到左岸或右岸都只有幾步之遙。而且客房服務到晚間 11 點 30 分,連通房最多可以容納 5 人。

裝潢

✱ 超級經典。穩重的深色系任何人都能接受。部分房間為條紋壁紙,不過風格仍非常沉穩。

170歐元起。
17, rue Gît-le-Cœur, 6ᵉ.
01 55 42 71 11
villadestrees.com

Le Brach

裝潢

✱ 由 Philippe Starck 操刀，旅館原址在 1970 年代是佔地 7,000 平方公尺的分信中心。裝潢風格是 1930 年代的建築遇上現代主義、包浩斯、達達和超現實主義，以奇特的裝飾品和藝術品布置，整體氣氛非常溫暖。

劃重點

「我要上屋頂看雞。」

氣氛

✱ 這是 16 區唯一一間帶有潮流風格的旅館，這類風格較常會於巴黎中心或東邊看到。這間全新的旅館證明了 16 區現在正「潮」！入住的人喜歡說這裡不是旅館，而是生活和文化之地。此外，旅館屋頂上還有菜園和三隻蛋雞。

437 歐元起。
1-7, rue Jean-Richepin, 16ᵉ.
01 44 30 10 00
brachparis.com

L'Hôtel

氣氛

✱ 一踏進立刻就能感受到是間有故事的旅館。這裡曾是瑪歌皇后的住處。最近改裝後成為時尚人士的新寵。絕對不要錯過這裡的餐廳，名字就是簡簡單單的「餐廳」── Le Restaurant。而有拱頂的游泳池只供房客使用。

裝潢

✱ 由 Jacques Garcia 操刀，因此有許多紅絲絨、老家具、金色支架的立燈、如畫的壁紙、豐厚的織品，是溫暖的古典風格。最大套房的露臺可以眺望巴黎的屋頂，景觀絕佳。

劃重點

「藝術感、人文氣息、華麗又搖滾，這家旅館人見人愛！」

320 歐元起。
13, rue des Beaux-Arts, 6ᵉ
01 44 41 99 00
l-hotel.com

Hôtel de l'Abbaye Saint-Germain

氣氛

✳ 非常安靜，屬於價格合理的精緻典雅旅館，坐落在聖傑曼德佩，深受所有時尚迷喜愛，只要花幾分鐘就可以進旅館放購物戰利品。夏天可以在充滿綠意的中庭吃早餐，還有淙淙噴泉聲，這絕對是旅館的大優點之一！

裝潢

✳ 花朵或條紋壁紙、金色大鏡子、床頭板的布料和床單成套、床頭燈、大理石浴室，置身 100% 精緻典雅風格。

245 歐元起。
10, rue Cassette, 6ᵉ. 01 45 44 38 11
hotelabbayeparis.com

劃重點
「旅館原本是禮拜堂和修道院，
自然擁有平靜的氣氛。」

劃重點
「我不跟你去美術館了，
我要去游泳池。」

Hôtel Paris Bastille Boutet

氣氛

✳ 這間旅館位在巴士底，寢具絕佳，擁有五顆星，是一棟歷史建築，過去曾是巧克力店，充滿綠意的露臺就是旅館的特色。

裝潢

✳ 處處是木材和白色。顯然是我的最愛！

200 歐元起。
22-24, rue Faidherbe, 11ᵉ
01 40 24 65 65
hotel-paris-bastille-boutet.com

Ines 感謝……

✳ 我的共同作者、也是我最摯愛的好友 Sophie，被工作累得半死（我則精神飽滿，或許這點說明了我們兩人誰對這本書的貢獻比較大……），她建議我要感謝讀者……不過本人倒是希望讀者感謝我們！

當然我不想當個不知感恩的人，因此：

✳ 感謝我們的編輯 Julie Rouart，她在少女時代就認識我們（所以到現在已經超久了），並且不斷給予我們法式支持，而不是像某些人說的、在英文中被不恰當地翻譯成「鼓勵」。好好享受這本書，用行動表達感謝吧！

✳ 謝謝所有不會說「sur Paris」的人（Je serai "sur" Paris……）。文法真是大錯特錯！！！

✳ 謝謝這本書的譯者，尤其是最後這些在波蘭文、巴西文、義大利文或現代希臘文中毫無意義的句子……謝謝讀了被廣為翻譯的本書的人……

✳ 謝謝 Denis Olivennes，他是最棒的男人。謝謝所有明白我對這段感情很認真的人。

✳ 謝謝 Sophie 的愛人 Stanislas，因為他感覺是一個很棒的人。

✳ 謝謝 Zohra 準備了新鮮胡蘿蔔汁讓我拍照（但那根吸管是怎麼回事？要害死鯨魚嗎？好吧，至少照片很美……）

✳ 謝謝 Nine 在十年前相信我沒辦法為這本指南找到她以外的人當模特兒，並且答應為這本書拍照。雖然我的出版社有錢的不得了，但是寶貝女兒，我就是要妳！

✳ 謝謝 Violette 繼續偷穿媽媽的衣服：這證明我還是很有眼光的！

✳ 謝謝 Sienna。妳真的非常漂亮，有一天妳也會成為這本書的模特兒，而且我們一下子就打成一片了。然後謝謝妳在我家放了我最喜歡的瑞士鮮奶油，真的很貼心，和妳媽媽 Sophie 一模一樣！幫我抱抱 Aramis 和 Vadim。

✳ 謝謝 Benjamin 讀完整本書，甚至讀到這裡！

✳ 謝謝我在 Roger Vivier 的最親切的老闆 Diego Della Valle，他覺得我做的

一切都很有趣。（請記得永遠要感謝自己的老闆，即使你和他水火不容。）

✳ 謝謝 Simon 在我和 Sophie 正在為這本好品味的書校稿時，穿著背心出現。啊啊啊啊啊，當你以後當上總裁，我們就不能開你玩笑了！

✳ Paul，我為你和你的西裝特別量身打造這本書，就只是為了煩 Nathan，那我就不在謝詞的部分提到你囉？

✳ 謝謝 Tiphaine 了解字體對這本書有多麼重要。我們也是有權偶爾嚴肅一下的對吧？

✳ 謝謝 Yann Barthes 邀請我們上《Quotidien》（蘇菲問我們的編輯，是否可以把記者的名字特別客製印在書上，像給小朋友的書那樣。你懂得吧？）

✳ 謝謝《ELLE》雜誌在封面宣布這本書的全新版本，而且讓我穿自己的衣服！

✳ 謝謝 Frédéric Périgot（你和這本書毫無關係，但是我很喜歡你）。

✳ 謝謝這位對我們非常友善的書店老闆（他一定會知道我在說他……）

✳ 謝謝 Kevin（律師也是我們的廣大讀者群呢）。

✳ 謝謝 Jeanne & Émilion 撈起泳池裡的濕毛巾。謝謝 Sophie 放過那個很超現實的句子，我保證絕對沒有人會發現。

✳ 謝謝 lalettredines.fr 的讀者，在這本書以外，每週不厭其煩地收到店家推薦和建議的電子報。

✳ 謝謝我親愛的 Sophie Gachet，沒有妳，我絕對不可能完成這本書。妳的思慮周詳，而且比我更了解我自己，和妳一起做這本書也非常愉快。最後這句話妳可不准刪掉，不然我要告訴大家妳幾乎每天都穿黑色！

✳ 謝謝法國！OK，這樣是有點自賣自誇，但是法國就是這麼棒，不是嗎？

Directrice éditoriale

Julie Rouart

Responsable de l'administration éditoriale

Delphine Montagne

Éditrice

Mélanie Puchault

Relecture

Elsa Whyte

Conception graphique

Tiphaine Bréguë

Fabrication

Christelle Lemonnier

Photogravure

IGS